企业风险管理

如何有效防范竞争、投资与人力资源风险

张旗·著

U0367187

化学工业出版社

·北京·

内容简介

本书在分析现代企业风险管理理论与实践的基础上，将企业的主要风险归为三类——竞争风险、投资风险和人力资源风险，分别对这三大风险进行了风险评价和风险防范方面的研究。在风险评价方面，提出采用几种复杂性方法来科学准确地评价各类风险，如博弈分析方法、数据包络分析方法（DEA）、聚类分析、脸谱图、TOPSIS（逼近理想解排序法）以及基于 AHP（层次分析法）与 BP 神经网络的多目标综合评价方法等，并收集了企业实际数据进行实证分析；在风险防范方面，在已有研究基础上，提出了一些措施和建议作为补充。

同时，为了有效管控我国国有企业的风险，本书通过对国有企业在竞争风险、投资风险和人力资源风险方面的特殊性进行调研分析，总结出几类特殊风险问题，并提出了相应的解决方法。例如，可以运用合作博弈理论协调各子公司之间的资源分配，提升集团整体竞争力；运用外部多维博弈思想帮助企业根据竞争对手的策略调整各个子公司的竞争策略，从而实现资源的最优配置，使企业集团的利益最大化等。

本书可供企业管理者、风险管理专业人士、学术研究者以及高等院校企业管理相关专业的师生参考阅读。

图书在版编目（CIP）数据

企业风险管理：如何有效防范竞争、投资与人力资源风险 / 张旗著. -- 北京：化学工业出版社，2024.8. -- ISBN 978-7-122-46691-4

Ⅰ. F272.35

中国国家版本馆 CIP 数据核字第 2024NC3837 号

责任编辑：夏明慧　高　震　　　　　　　　文字编辑：李　彤　刘　璐
责任校对：杜杏然　　　　　　　　　　　　版式设计：溢思视觉设计／程超
　　　　　　　　　　　　　　　　　　　　E-mail: isstudio@126.com

出版发行：化学工业出版社（北京市东城区青年湖南街 13 号　邮政编码 100011）
印　　装：涿州市般润文化传播有限公司
710mm×1000mm　1/16　印张 14³/₄　字数 210 千字　　2024 年 10 月北京第 1 版第 1 次印刷

购书咨询：010-64518888　　　　　　　　售后服务：010-64518899
网　　址：http://www.cip.com.cn
凡购买本书，如有缺损质量问题，本社销售中心负责调换。

定　　价：79.00 元　　　　　　　　　　　版权所有　违者必究

前言

在经济全球化的发展趋势下，企业生存环境中存在着复杂多变的风险，企业越发重视对风险的管理，风险管理逐渐成为现代企业管理体系中一个不可或缺的重要组成部分。风险管理过程主要由风险识别、风险评估和风险防范等环节构成，科学的风险评估指标体系和评估模型方法是重要的风险管理工具，完善的风险防范措施则是预防风险的重要保障。在我国，国有经济掌握着国民经济命脉，关系到国家经济发展的成败兴衰，因此国有企业风险管理的创新和发展关乎中国企业的前途和命运。如何针对国有企业存在的各种风险做好识别、评估和防范，就成为眼前亟待解决的课题。

为了进一步做实证研究，本书针对某国有企业（SDLH集团）的实际情况，从竞争风险、投资风险和人力资源风险三个方面进行了调研分析，总结出这些风险的关键特征，并提出了相应的解决方案。比如：在竞争风险管理方面，运用合作博弈理论协调各子公司之间的资源分配，提升集团整体竞争力；运用外部多维博弈思想帮助企业根据竞争对手的策略调整各个子公司的竞争策略，从而实现资源的最优配置，使企业集团的利益最大化；在人力资源风险管理方面，运用博弈分析方法重点分析了集团中存在的委托代理风险，给出了防范这类风险的建议，同时，采取调查问卷的形式统计分析了该集团的委托代理风险、激励机制和选拔制度的现状，并给出了相应的改进建议。从理论意义来看，以上这些方法的研究对丰富与完善企业管理的风险管理理论做了有益补充；从实践意义来看，无论是从推动国民经济持续稳定发展的角度，还是从企业自身稳健经营的角度来说，这三大风险的评估和防范研究都有很好的实践应用和借鉴价值。

本书出版受到"贵州省区域内一流建设培育学科管理科学与工程""黔兴高校智库联盟——贵商智库"等的资助，在此表示感谢！

著者

目录

第一章

绪论

1.1 研究背景与意义

"风险"一词最早出现在早期的航海贸易中，指航海行程中遇到的危险，如轮船触礁、搁浅等突发事件。经过历史的变迁，风险的含义逐渐丰富，有关科学研究也越来越盛行，涉及多个学科领域，因而对风险的定义没有一个统一的说法。借鉴各学者的观点，笔者认为，风险是发生危险和损失的可能性，但蕴含着风险的事件也可能带来机会。

企业的经营是在多变而竞争激烈的环境中进行的，且经营过程涉及研发、财务、采购、生产、营销、人力资源等方方面面，这就使得企业的发展过程中存在很多不确定性，当然这些不确定性既可能带来风险，也可能给企业带来机遇。风险可能造成损失或带来威胁，而机会则可能带给企业利润或促使企业向更高目标迈进。因此，企业风险是指这些可能造成损失或带来威胁的事件发生的可能性。

以上的简单论述已说明企业在运营状态下一定存在风险，为了能顺利地生存和发展，企业需要有意识地对可能存在的每一种风险进行控制。1992 年，美国反舞弊性财务报告委员会下属的发起组织委员会（COSO）发布了《内部控制——整合框架》报告，认为内部控制是一个受到企业董事会、管理层和其他人员影响的过程，旨在为下列目标提供合理的保证：经营的效果和效率，财务报告的可靠性，遵守相关法律和法规。中国证监会在其于 2003 年修订发布的《证券公司内部控制指引》中，也全面采纳了该报告的框架体系。我国五部委（财政部、中国证监会、审计署、中国银监会、中国保监会）于 2008 年 5 月发布的《企业内部控制基本规范》中也规范了大中型企业内部控制的基本要素，分别为内部环境、风险评估、控制活动、信息与沟通、内部监督。

随着企业规模的不断扩大，涉足的领域逐渐增加，企业集团已经成为公司形态发展的主流。而随着集团母子公司规模和多元化程度的不断提高，集团在制定和执行战略方面都面临着越来越明显的系统性和复杂性，风险也越来越复杂多变。

在法律上，子公司是具有法人地位的独立公司，它有自己的公司名称和公司章程，并以自己的名义进行经营活动，其财产与母公司的财产彼此独立，有自己的资产负债表；在财产责任上，子公司和母公司也以自己所有财产为限承担各自的财产责任，互不连带。母公司对子公司不能直接干预，但母公司可以委派股东代表、董事、经营者等，通过他们来影响子公司股东会、董事会、经营层的决策以达到控制的目的。因此，子公司是受母公司实际控制的，即母公司对子公司的一切重大事项拥有实际上的决定权，其中尤为重要的是能够决定子公司董事会的组成。

在母公司对子公司实施的控制措施中，人事控制是核心。但由于子公司与母公司之间信息严重不对称，所以其委托风险远大于一般企业。

正因为企业风险多种多样，许多学者已在这方面进行了大量研究，本书作者在研究了大量文献后，发现目前国内研究主要集中在以下三个方面。

（1）基于相关政策的实务操作指导研究

世界大多数国家都有依据本国情况制定的相关政策，如前面已经提到的有重大影响的美国COSO于1992年发布的《内部控制——整合框架》和COSO在2004年颁布的《企业风险管理——整合框架》。

在我国也有相关政策出台，如财政部在2007年发布的《企业内部控制标准体系征求意见稿》，沪深证券交易所发布的《上市公司内部控制指引》，国务院国资委颁布的《中央企业全面风险管理指引》，财政部发布的《企业内部控制标准体系》和五部委联合制定的《企业内部控制基本规范》等。

在这些政策提出的框架基础上，很多学者结合自身实践结果，进行完善、修改，发表了一系列实务操作指导，对COSO的模型进行了更具体的描述。这些描述的结果是不一样的，正如史蒂文·J.鲁特在《超越COSO》一书中所写，风险管理是一种无法实证修正的问题，根据不同企业、管理层、董事会的特点，每个企业对于风险管理的实践也不同。但万变不离其宗，企业风险管理模型的基本情况如图1-1所示。

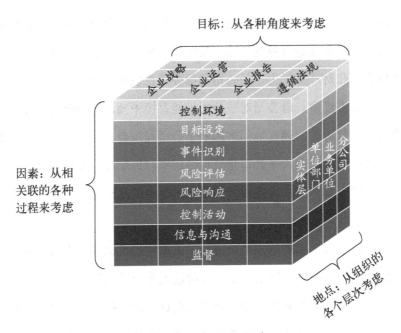

图 1-1 企业风险管理模型

（2）企业风险起因与控制的深入研究

另一个研究方向侧重于理论方面，主要研究企业风险的起因与控制的方法。不同学者的观点也是不一样的，但总体来说，企业风险来源主要有两类——内部和外部。内部风险是指企业受自身因素影响而带来风险，这种风险只造成企业自己的不确定性，对其他企业不产生影响，是可分散的；外部风险是指外部经济体的整体变化带来的风险，这些变化包括社会、经济、政治等企业难以控制的事件或事实。

（3）企业高层管理者委任风险研究

伴随社会化大生产的进行，社会分工逐渐细化，出现了公司所有权与经营权分离的现象，也就产生了委托代理关系。委托代理风险是道德风险的一种，是指在委托代理过程中，委托人和代理人由于思想素质、道德水平等因素的影响而无法合理协调二者在权力和利益方面的分歧与矛盾所导致的公司经营风险。

关于委托代理风险的研究主要集中在风险的起因以及在利益相冲突和信息不

对称的环境下委托人如何设计最优契约以激励代理人。

尽管这些研究已为企业的风险管理提供了重要的指导，但本书认为所有风险中对企业产生重大影响的是竞争风险、投资风险和人力资源风险，而在多变激烈的环境下企业的行为又越来越复杂，因此运用复杂性方法对这三大风险进行分析评价研究是至关重要的，例如，运用博弈方法分析企业为了保持行业领先而如何进行决策，以及在静态和动态环境下委托者和代理者是如何博弈的，如何运用多种复杂性定量方法评价企业的竞争力、经营绩效等。另外，中国很多大的企业集团都是国有制的，对于它们的特殊之处，该采用何种举措来管理这三大风险也是亟待研究的问题。

从理论意义来看，目前关于企业风险评价，大部分的研究都是从定性角度出发的，基于定量模型进行研究的只有少数，且只是笼统地针对整体风险进行评价。本书运用了一些复杂性方法，分别对主要的三大风险进行评价，因此对风险的评价更加准确，这些方法对丰富与完善风险管理理论体系有一定的作用。

从现实意义来看，随着经济全球化进程加速，企业面临的不确定性因素日益增多，风险也与日俱增，企业风险管理受到越来越多的关注。如何科学地识别和评价风险，有效防范中国国有企业内部特有的风险，成了摆在我国国有企业面前亟待解决的问题。因此，在经济形势严峻性加剧的情况下，无论是从国内经济稳定发展和可持续增长的角度，还是从国有企业自身发展角度来说，研究我国国有企业三大风险评价和防范都具有现实的意义。

1.2 研究思路与路线

本书在已有企业风险管理研究成果的基础上，沿着竞争风险、投资风险和人力资源风险三大风险的脉络，分别探讨了其更完善的评价方法，并选取了企业相关数据进行了实证分析或数值模拟，提出了一些补充性的防范措施和建议，研究路线如图 1-2 所示。

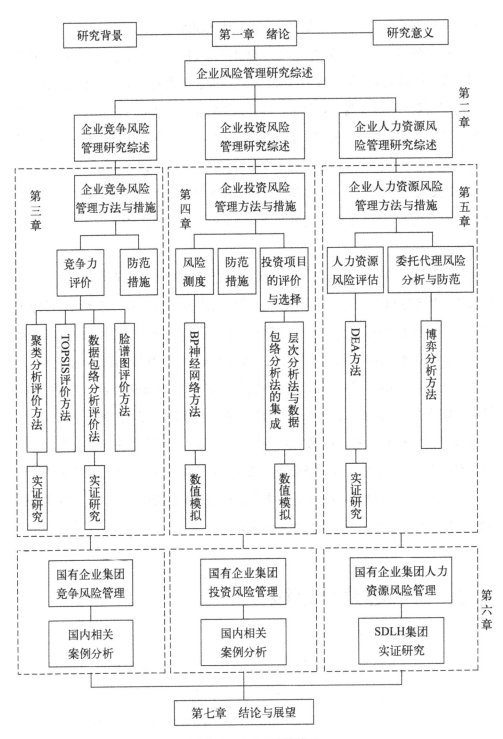

图 1-2 本书研究路线图

1.3　研究内容和章节安排

基于以上研究思路和路线，本书各章节安排和主要内容如下。

第一章是绪论。简要介绍了本书的研究背景、研究思路和研究意义。

第二章是关于企业风险管理的研究综述。对企业风险的研究有很多成果，为了方便后面的研究，将这些成果按照竞争风险、投资风险、人力资源风险三个方面进行归纳综述，分别总结评述了关于其内涵、特征和分类的研究，以及关于各风险识别过程、评价方法和防范措施的研究，最后总结已有研究的不足和空白之处，引出本课题的研究方向。

第三章是企业竞争风险管理方法与措施。总结了竞争的内涵及性质，企业竞争风险的表现形式及形成原因，运用经济学方法分析了企业竞争风险的存在及防范；分析了企业竞争风险与企业竞争力间的关系，得出竞争力的强弱直接影响着竞争风险的大小，因此竞争风险评价可转换为企业竞争力评价的结论；在竞争力评价方面在前人研究的基础上，结合市场竞争结构和企业竞争风险的特点，选取了能全方位反映竞争力的指标，提出四种企业竞争力评价的定量方法，即数据包络分析、聚类分析、脸谱图多元统计分析以及 TOPSIS，并分别对这几种方法进行了实证应用；在竞争风险防范方面，作者借鉴了已有成果，并提出了一些新的建议和策略。

第四章是企业投资风险管理方法与措施。从主观和客观的角度分析了产生投资风险的原因；在综述了投资报酬变异系数法和模糊综合估计法两种测度投资风险方法的优缺点后，提出了从非线性的角度而不是从传统的统计角度测度风险的基于 AHP 与 BP 神经网络的多目标综合评价方法，借助神经网络的自学习、自组织能力和强容错性，能准确地按照专家的评定方法进行工作；另外，本书在已有研究方法基础上进行了总结和补充，重点介绍了集成层次分析法与数据包络分析法进行投资项目评价的过程，两者的集成充分发挥了各自的优势，使得评价方法更加完善，评价结果也更具有说服力；在防范措施方面，重点建立了新 F 分数财务预警模型和基于 BP 神经网络的投资风险综合管理预警模型。

第五章是企业人力资源风险管理方法与措施。提出运用数据包络分析方法（DEA）评估人力资源风险的大小，详细研究了这一评价过程，包括指标体系的建立以及模型的构建，并选取 6 家房地产类企业的数据作为研究对象进行实证研究；运用博弈方法详尽全面地分析了企业中普遍存在的委托代理关系，并得出了不同情况下的博弈均衡结果，给出企业应关注的道德建设、预防道德风险的建议；在人力资源风险防范措施方面，重点强调建立完善的激励和约束机制的重要性。

第六章是国有企业集团风险管理及其实证分析。在国有企业集团竞争风险管理方面，提出运用合作博弈理论协调各子公司之间的资源分配，提升集团整体竞争力；运用外部多维博弈思想帮助企业根据竞争对手的策略调整各个子公司的竞争策略，从而实现资源的最优配置，使企业集团的利益最大化；除推理分析外，还进行了数值模拟和案例分析。在投资风险管理方面，指出国有企业集团的投资存在特殊性，且对于投资的选择、风险的评价也需要进行额外的考虑，以及对于子公司与集团的利益不一致的问题，不能永远按照"集体利益最大化"的原则来处理，并提出了一些具体的关键举措；分析了一些典型的投资案例，从中说明国有企业集团投资风险管理的重要性，并总结经验教训。在人力资源风险管理方面，重点分析了国有企业集团中存在哪些委托代理关系方面的风险，提出了有利于国有企业集团人才资源风险管理的几条建议，论述了国有企业集团 SDLH 集团的激励机制和选拔制度的现状，并以调查问卷的形式统计分析了 SDLH 集团的委托代理风险及其激励机制。

第七章是结论与展望。对本研究的成果进行总结，并对该课题的未来研究空间进行探讨。

第二章

企业风险管理研究综述

风险管理最早起源于美国，20 世纪 30 年代，为应对世界性金融危机的影响，美国众多大中型企业建立了保险管理部门以负责企业的各种保险项目，风险管理由此形成。之后，经过不断地积累与科学运用，20 世纪 50 年代，风险管理发展成为一门独立的科学。此后的 30 年里，风险管理在欧洲盛行，并在 1986 年传入亚洲地区。中国对于风险管理的研究可以追溯到 20 世纪 80 年代，但由于大多企业对风险管理缺乏必要的认识，风险管理在我国仍处于发展的初级阶段。

风险管理在企业的整个管理体系中具有举足轻重的作用，在风险管理范畴，国内外都进行了很长时间的研究，涉及的范围也非常广泛，并且各位学者的研究方法也在不断创新。本书在前人研究的基础之上进行分析总结，将企业风险划分为三类，即竞争风险、投资风险以及人力资源风险，将这三类风险作为主要的研究对象，分析其成因并给出了解决方案，希望对我国企业风险管理研究起到一定的推动作用。

2.1 企业竞争风险管理研究综述

2.1.1 企业竞争风险性质与分类的研究

在市场经济条件下，市场环境中存在的一个显著特征就是竞争。处于不断发展变化的市场环境之下，企业无时无刻不在面临着各种各样的竞争，不同行业之间的竞争，同一行业内部的竞争，供应链上利益相关者之间的竞争等，这些都会给企业的生存和发展带来重大影响。而企业在激烈的市场竞争中所表现出来的不确定性，就是企业竞争风险。本章便从以下几个方面对企业竞争风险进行详细的阐述与分析。

（1）企业竞争风险的成因和来源

一开始，企业的竞争风险是市场竞争所导致的企业经营成果的不确定性，但竞争风险产生的根源，或者说风险所造成的最终结果，还是企业自身在市场竞争过程中的作为决定的。综上所述，导致企业产生竞争风险的原因可以归纳为主观和客观两个方面。

客观成因主要是指企业所处市场的竞争状态。这种竞争状态是受社会经济条件、市场上消费者需求以及市场结构（市场上竞争企业的数量和规模）等因素共同影响的，属于企业无法控制和改变的因素。主观成因主要体现为企业在面对市场竞争时所采取的战略，以及管理和控制战略实施的整个过程。如果企业正确制定战略并且进行恰当的实施，竞争风险就会转变为企业的额外收益；但是，如果在战略制定以及实施过程中出现任何偏差，就都可能为企业带来不可预料的损失。有学者又从宏观和微观因素的角度，更为详细和具体地研究了产生竞争风险的条件，并将其划分为四个类别：一是社会条件，包括社会经济条件和法律政策条件，其中社会经济条件主要表现为社会经济资源的分布，法律政策条件则是指在市场失灵情况下政府出台的干预手段，二者为竞争风险的产生创造了一个天然的宏观环境；二是市场经济条件，微观经济学中的竞争理论表明市场竞争会导致社会资源的重新分配，资源集中与规模经济又会导致垄断，这样就会形成新企业不断进入市场、问题企业惨遭淘汰的一个自然的"优胜劣汰"的过程，而且生产、流通、分配和消费等任何一个过程都可能会给企业的生产经营活动带来极大的不确定性；三是技术条件，科学技术作为第一生产力，是企业在激烈的市场竞争中立于不败之地的制胜法宝，但在把科学技术转化为生产力的过程中还是会遇到很多的不确定性，也会导致竞争风险的发生；四是主观条件，指个体主观认识能力的局限性以及控制能力的有限性，企业作为市场竞争中的主体，是否能够准确地把握市场风险并创造自身的竞争优势，对于竞争风险的产生和造成的结果而言，也是一项不可或缺的条件。

迈克尔·波特（Michael Porter）提出的五力分析模型可以帮助我们更好地理解和把握企业竞争风险的来源。波特五力分析模型如图 2-1 所示。

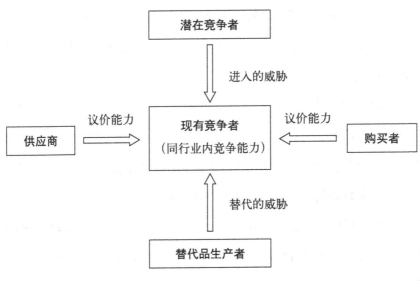

图 2-1 波特五力分析模型

波特五力分析模型，又称波特竞争力模型，是美国哈佛大学著名学者迈克尔·波特于 20 世纪 80 年代提出的，是主要用于行业分析和商业战略研究的竞争战略分析模型，该模型对企业战略的制定和实施产生了极其深远的影响。波特五力分析模型将大量不同的影响因素汇集在一个简单易懂的模型之中，该模型涵盖了社会竞争环境中影响企业的五个重要力量来源，即供应商的议价能力、购买者的议价能力、潜在竞争者的进入威胁、替代品生产者的替代威胁和行业内现有竞争者的竞争威胁。在与这五种竞争力量博弈的过程中，企业慢慢形成了其竞争优势，而其在生产经营过程中面临的竞争风险也来自这五种力量的博弈。

（2）企业竞争风险的性质和特征

企业的竞争风险具有外在性、双重性和动态性的特征。

首先，企业竞争风险具有外在性，其对企业生产经营活动的影响是通过市场竞争体现的。也就是说，市场上企业间的竞争直接导致了企业竞争风险的产生，从而导致企业生产状况和经营效益的不确定性。这与企业人力资源风险和投资风险有很大的差异，后两种风险均属于企业的内生风险，即是由企业内部因素主导的风险。

其次，企业竞争风险具有双重性，即既可能为企业的生产经营活动带来收益，也可能影响企业的生产效益，造成损失。市场竞争的结果是否能够满足企业的需求，在一定程度上取决于企业在市场竞争中的行为，并且还受到当时市场竞争状态、企业的竞争战略及其实施效果的共同影响。

最后，从竞争风险所产生的环境来看，它又具有动态性的特点。竞争风险是在市场竞争的大环境下产生的，并且与社会经济环境的动态变化息息相关。社会经济的发展、科学技术的进步、国家政策制度的调整、人民生活水平的高低、消费需求的改变、市场结构的转换等都会使企业处于不同且不断变化的市场竞争形势之中，企业所面临的竞争风险也会发生相应动态的变化。

（3）企业竞争风险的表现和分类

企业竞争风险是市场竞争状态与企业竞争表现共同作用的结果。因为市场竞争状态是外部环境因素，企业无法控制与改变，所以本书只着重分析研究企业竞争表现对竞争风险的影响。

企业的竞争表现所带来的风险，可以从战略层面、操作层面和支持层面三个方面来理解。

战略层面的风险，就是指企业根据现在的市场竞争状态做出战略决策后所带来的风险。这里提到的"风险"有两个层面的含义，一是指给企业带来的直接经济利益损失，二是指企业竞争优势的丧失或是竞争地位的下降。与其他风险不同，战略风险具有更强的主观色彩。一方面，战略决策的选择和制定取决于决策者的能力、经验以及偏好；另一方面，战略风险对于企业的影响程度还受到企业规模和资源能力的限制。对于企业战略风险的构成，到目前为止学术界还没有一个明确的界定，受到普遍认同的一个观点是巴德（Budd）在米尔斯（Miles）和斯诺（Snow）观点的基础上提出的战略风险系统的多维模型（图2-2）。该模型从三个维度分析了企业战略风险的构成，分别是企业与整体环境之间的关系、企业与资源环境之间的关系及企业与产品市场环境之间的关系，并指出协调这三种关系的主要手段分别是公司战略、组织机构设置以及竞争战略选择。

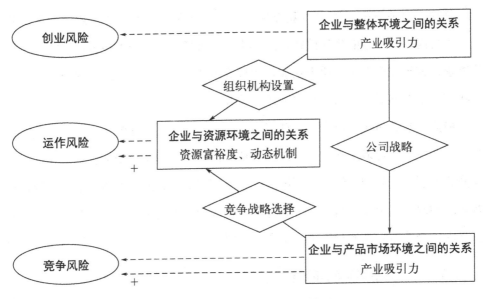

图2-2 战略风险系统的多维模型

卜华白具体分析了企业在竞争战略选择中遇到的风险，认为其主要来源于对竞争对手的选择和竞争战略的制定。他认为，如果竞争战略的目标在于攻击弱小的竞争者或紧密的竞争者，则会给企业带来很大的潜在风险；而在基本竞争战略的制定方面，无论是选择低成本战略、差异化战略还是目标集聚（细分市场）战略，都会因战略自身的优势和不足而产生风险。

在操作层面，企业竞争风险主要表现在企业战略实施的过程中，具体来说就是供、产、销三个具体的运作环节。由于这三个具体环节都在企业所处供应链之上，所以在一定程度上可以把企业操作层面的竞争风险归结为一种基于供应链的风险。亨德里克斯（Hendricks）和辛哈尔（Singhal）二人关于供应链扰动对股东财富的短期影响和对公司财富的长期影响的实证研究充分表明，企业的经营效益受到供应链风险和不确定性因素的显著影响，并且这种影响越来越强烈。随着信息技术的发展以及全球经济一体化进程的加快，作为独立经济体，企业参与市场竞争的方式逐渐显露出其弊端和局限性，供应链竞争已经成为现代企业竞争的主要途径，因此越来越多的人开始关注并重视供应链风险及其管理的过程。对于供应链风险的定义，许多学者从不同的角度给出了不同的答案。从供应链脆弱性的角度，瑞典学者斯文森（Svensson）将其定义为：随机扰动所导致的供应链零部件和原材料与正常的、期望的或是计划的时间安排和活动之间的偏差；从风险传递的角度，倪海燕等人指出供应链风险是物资在经由供应链流经众多生产流通企业最终到用户的过程中，产生于运输、存储、装卸、搬运、包装、流通加工、配送、信息处理等诸多环节的问题对供应链造成影响及妨碍其正常运作的可能性，涉及物流、商流、信息流和资金流几个方面；从风险的突发性角度，胡金环等人认为供应链风险是供应链上的企业在生产过程中受到各种事先无法预测的不确定因素的影响而导致实际收益与预期收益发生偏差；从供应链的不确定性角度，马士华等人把供应链风险定义为在供应链企业协调与合作的过程中各种内生和外生不确定性因素所导致的风险。

另外，企业在支持层面的竞争风险主要是指企业在获取信息情报方面的风险。在企业参与竞争的过程中，作为信息情报方面的支持，竞争情报工作对于企业战略的制定和实施都有着非常重要的影响。因此，竞争情报风险也逐渐开始受到学术界的重视。竞争情报工作最初始于 20 世纪 50 年代，主要包括全面监控企业所处环境的竞争性，研究竞争环境、竞争对手和竞争策略等方面的信息和情报，从而帮助企业有效减少信息的不对称性和企业战略决策过程中决策者认识的局限性以及判断的不确定性。但是，企业竞争情报工作需要经历一个漫长且复杂的过程，包括信息的搜集、整理、分析和发布，只有这样才能把大量的原始信息转化为对企业有价值，并且能够帮助企业进行有效决策的情报，但是在处理信息的过程中企业会受到各种不确定性因素的影响，可能导致收集到的情报失真或在情报运用及管理上产生失误，这不仅会使企业战略决策发生偏差，而且还会使企业遭受不同程度的损失。发生这种损失的可能性，就是竞争情报风险。

2.1.2　企业竞争风险管理的研究

企业竞争风险管理是指在市场竞争环境中，对企业所面临的风险进行识别、评估、管理和监控的整个管理过程，从而帮助企业降低风险，减少造成损失的不确定性和可能性，以加大企业在市场竞争中的优势，巩固企业的市场地位。管理企业的竞争风险，首先要从整体上具体了解和把握企业可能遇到的竞争风险和其自身的竞争能力，然后再对竞争风险的具体表现形式进行更加详细的研究、管理和控制，这样才能保证企业在竞争风险管理方面取得双赢，不至于顾此失彼。

（1）企业竞争风险整体衡量方法的研究

为整体把握企业的竞争风险，需要对企业的竞争风险进行整体评价，进而明确企业在市场竞争中所处的地位和形势，并为具体竞争风险的分类管理提供方向和指导。

传统的竞争风险度量法有资本资产定价模型法，收益变动法和竞争地位状态确定法等。但这些方法在某些方面并不完全适用，自身都具有一定的局限性，例如：资本资产定价模型法在管理问题方面适用性不强；收益变动法在度量风险的过程中容易受到不确定性、对称性等问题的影响，并且数据的解释能力不强；竞争地位状态确定法只强调了竞争地位丧失的风险，却没有体现出实际收益的损失风险。所以这些传统的竞争风险度量法都无法对竞争风险做出一个全面的评价。

学者刘海潮等认为，对于企业的竞争风险来说，研究其损失或收益的规模往往比分析引起这种损失或收益的不确定性有更重要的意义，在这种思想的指导下，他们建立了基于收益模糊变动的竞争风险评价模型。具体做法是将企业的收益水平根据可感知风险进行模糊化定义（如定义为 m 个水平），选择行业内 n 家企业在 h 年间的资产收益率，然后用模糊收益写出企业在研究期内的收益矩阵。他们主要研究企业在相邻两个年度的收益水平转换过程，定义 $C_{i,jk}$ 为初始收益率为 j、结束收益率为 k 的第 i 家企业，相邻年度收益水平转换过程在研究期内出现的次数。当 j、k 取不同值时，$C_{i,jk}$ 就形成了一个阶段收益水平的状态转换矩阵。定义：$C_{j,k} = \sum_{i=1}^{n} C_{i,jk}$；$P_1 = \begin{bmatrix} C_{j,k} \end{bmatrix}$ $j,k \in \{1,2,\cdots,m\}$ $i \in \{1,2,\cdots,n\}$，其中，m 为划定的企业收益水平阶段数目，n 为产业内的企业数量，P_1 代表包含所有企业状态转换过程的行业状态转换矩阵。根据状态转换矩阵，设：

$$P_{j,k} = \frac{C_{j,k}}{C}; \quad C = \sum_{j=1}^{n} \sum_{k=1}^{n} C_{j,k}; \quad P_2 = [P_{j,k}]; \quad H = -\sum_{i=1}^{n} q_i \ln q_i$$

其中，q 为任意可能性，$\sum\limits_{i=1} q_i = 1$，且 $q_i \geqslant 0$

则该行业的整体状态转换可能性分布矩阵可以用 P_2 表示，其不确定性为：

$$H_{j,k} = -\sum_{j=1}^{n}\sum_{k=1}^{n} P_{j,k} \ln[P_{j,k}]$$

H 值衡量的是产业系统整体的以产业内所有企业历年收益的变动为基础的不确定性。负面的不确定性就称为风险。当 $j > k$ 时，企业收益下降，这种不确定性表现为损失，所以该行业内企业面临的平均风险为：

$$HR_{j,k} = -\sum_{j=1}^{n}\sum_{k<j2}^{n} P_{j,k} \ln[P_{j,k}]$$

对于特定企业的风险，考虑到个体差异性，需要通过调整权重加以衡量。一般认为，

$$HRW_{i,j,k} = -\sum_{j=1}^{n}\sum_{k<j}^{n} \omega_{j,k} P_{i,j,k} \ln[P_{j,k}]，\text{其中，} P_{i,j,k} = \frac{C_{i,j,k}}{C}，\omega_{j,k} = \alpha|k-j| + \beta$$

α 是由企业对边际收益减少重要程度的认识来确定，β 在通常情况下取 1。这样，就得到了企业在竞争中的个体风险。

另外，还可以采取对市场中多家企业的竞争进行测评的方式来间接反映企业的竞争风险状况。有学者提出了一个用于企业竞争力测评的基本框架（表2-1），并设计了一套企业竞争力测评指标体系的初步方案（表2-2）。

表2-1　企业竞争力测评的基本框架

指标类型	指标构成	作用	数据获取
测评指标	直接计量指标 显示性指标 潜力性指标	反映竞争结果	统计资料
	间接计量指标	反映不可量化的因素	对特殊人群问卷调查的统计分析
分析指标	多种类、多层次的指标	反映竞争力的原因即决定竞争力的因素	统计资料及对比分析

表 2-2　企业竞争力测评指标体系的初步方案

序号	指标名称	指标性质及主要含义	可反映的其他含义或影响
1	销售收入	规模	市场份额
2	近 3 年销售收入年平均增长率	业务增长	市场份额、成长性
3	利润总额	盈利水平	规模
4	近 3 年利润总额年平均增长率	持续盈利能力	成长性
5	净资产	资本实力	融资能力
6	净资产利润率	资本盈利能力和增值能力	负债的影响
7	总资产贡献率	资金利用效率	负债的影响、融资能力
8	全员劳动生产率（劳动效率）	劳动效率	销售收入及冗员
9	总收益率	价值创造能力	人才竞争中的态势
10	出口收入占销售收入的比重	出口竞争力	国际化
11	近 3 年技改投资与信息化建设投资占销售收入的比重	技术实力	投资与提高竞争力的融资能力
12	R&D 占销售收入的比重	潜在的技术竞争力	技术密集程度
13	拥有专利数	自主知识产权	技术优势
14	公众评价（人气指数）	品牌影响力	广告效果
15	财经记者评价	企业家及管理水平	不可直接计量的因素
16	行业分析师	资本市场表现	不可直接计量的因素

（2）企业竞争战略风险管理的研究

企业竞争战略风险管理旨在管理控制产生于竞争战略决策过程中的风险因素。选择恰当的竞争战略，企业首先要明确制定竞争战略的前提和条件，其次实现过程要科学合理，并且需要企业系统地识别和评估可能存在的任何风险，最后还要进行认真的筛选和衡量。由于竞争战略本身就存在一定的风险，而且竞争战略需要与企业所处的市场环境相适应，再加上定位、资源、能力和决策人员之间存在的协调性和匹配性等问题，因此对企业的竞争战略风险进行度量并不简单，而且难以规避。所以，一般企业都会同时实施多种竞争战略或采用多元化经营的方式来减少风险发生的可能，以及降低由此带来的损失，这也就是众所周知的"不要把所有的鸡蛋都放在一个篮子里"的道理。

但是，随着时间的推移，在详细地了解和学习相关知识之后，一些学者开始对这种战略经营展开了进一步的研究和探索。例如，有学者以实际案例为研究对象，着重强调了竞争锁定在企业战略选择中的重要性。所谓竞争锁定是指，在参与市场竞争的过程中，企业将其战略目标集中在某一特定领域，从而获得绝对竞争优势的行为。而企业采取的竞争锁定策略一般有三种：一是技术锁定，即企业凭借自身拥有的资源优势和对市场前景的分析把握，潜心研发一种优于其他企业的核心技术，树立企业的绝对竞争优势，从而使研发的新产品具有不可超越的市场地位；二是生存空间锁定，即企业运用生态位理论，采取一种错位竞争的策略，在市场上为自己的产品和服务找好定位点，即其原始生态位，与此同时要注意避免企业间生态位的重叠，重视企业间的合作竞争和相互依存关系；三是注意力经济与眼球锁定，指企业将顾客所关注的产品信息和相关事件等中的接收端提取出来加以量化，并根据得出的结论制定进一步的竞争战略，以吸引顾客的注意力，争夺更大的市场份额，为企业创造更大的效益。所以，采取竞争锁定的方法，也能够对企业的竞争战略风险起到控制和防范的作用。

（3）企业供应链风险管理的研究

企业供应链风险管理是通过对企业供应链（涉及供、产、销等三个环节）风险因素的识别、评估、管理和监控来增强其在供应链方面的竞争力，从而减少企业在市场竞争环境中的不确定性。

在风险的识别方面，胡金环、周启蕾二人把供应链风险划分为外部风险和内部风险两部分，其中外部风险包括自然风险和社会风险，内部风险包括道德风险、技术风险、市场风险、资金风险和违约风险等；桑圣举等人则将供应链风险归纳为五个方面，即合作风险、信息风险、道德风险、契约风险和外部环境风险；吴军等人根据风险发生的概率和事后危害性的大小，将供应链风险分为日常风险和突发风险，他们认为日常风险的发生主要是由供应链中客户需求的不确定性和供应环节的不协调导致的，而突发风险产生的根本原因则是供应链各环节中无法预测的突发事件。

关于风险评估，大部分都是从定性的角度进行研究的，基于定量模型进行研究的只有少数。肖美丹等三位学者根据未确知理论和模糊评价法，建立了基于未确知模糊理论的供应链风险评估模型，从而将主观判断和定量分析有机地结合起来，全面、系统、有效地评价了风险的大小。其具体评价方法可分为以下三个步骤：① 利用未确知理论求出风险发生的概率；② 运用模糊数学求出风险发生后的损失；③ 通过风险因子的含义综合求出系统风险。所建立的供应链风险评价指标体系如图 2-3 所示。

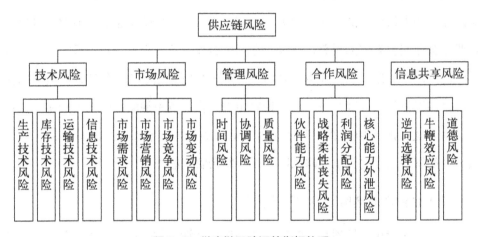

图 2-3 供应链风险评价指标体系

在风险管理方面，胡金环等指出可以主要从以下四个方面着手：供应链风险回避、供应链风险控制、供应链风险转移和供应链风险自担。其中，回避是指彻底规避风险，即放弃或终止某项供应链合作，或改变当时所处的合作环境；控制是在风险识别的基础上，有针对性地采取防范控制措施；转移是将风险转移给保险公司或供应链以外的其他企业；自担是指企业在无法回避风险的情况下将风险留给自己承担。邓兆生（Christopher S.Tang）认为供应链风险管理应从供应管理、需求管理、产品管理和信息管理四个方面进行考虑，并给出了应对供应链风险的战略和战术方法，如表 2-3 所示。

表 2-3　供应链风险管理战略及战术方法

项目	战略方法	战术方法
供应管理	供应网络设计	供应商选择、供应分配安排
需求管理	过渡产品和产品定价	通过实践、市场、产量变换需求
产品管理	产品多样化	延迟和测序过程
信息管理	供应链透明化	信息共享、供应链库存管理、联合计划、预测、补货

在风险监控方面，要实时追踪风险的变化情况，并建立相关的风险预警机制和风险反馈机制，确保企业有灵活可行的策略应对随时变化的风险，从而降低风险发生的可能性，将可能出现的损失降到最低。

（4）企业竞争情报风险管理的研究

企业竞争情报风险管理是对竞争情报工作中产生的风险进行管理和控制，以确保相关情报的准确性和及时性，为提高企业竞争能力提供信息资源支持。

曹如中等人认为企业竞争情报风险主要包括市场风险、生产风险、环境风险和技术风险四个方面。其中，竞争情报市场风险是指由于企业所处的市场结构发生意外变化，而导致竞争情报工作无法按原计划完成所带来的风险；竞争情报生产风险是指企业的竞争情报工作不能按照既定计划完成，或能够完成但无法达到预期效果而产生的风险；竞争情报环境风险是指意外的外部环境变化影响或妨碍了预定竞争情报工作计划的实施而引起的风险；竞争情报技术风险是由于企业开展竞争情报工作的方式和方法不当，或者缺乏情报信息系统所需的相关软硬件支持等技术层面问题而导致的风险。

针对以上这些竞争情报风险，具体的风险控制措施有：① 建立竞争情报风险预警模型；② 制定有效的竞争情报管理制度；③ 构建竞争情报信息管理系统；④ 为竞争情报人员提供必要培训，提高其业务能力。

2.2 企业投资风险管理研究综述

企业在其生产经营过程中，会出于各种各样的原因，进行有价证券投资或直接以实物、无形资产等对其他企业进行投资，以增加企业的金融资产或是分得其他企业利润。根据企业会计准则的定义，投资是指企业为通过分配来增加财富，或为谋求其他利益，而将资产让渡给其他单位所获得的另一项资产。从广义上讲，企业的投资行为可以分为对内投资和对外投资两大类，其中对内投资包括：固定资产投资、存货投资和房地产投资等；对外投资包括：股权性投资、债权性投资和混合性投资等。从狭义上讲，企业投资专指对外投资，具体又可分为直接投资和证券投资两种方式。其中直接投资是指企业以货币、实物资产或无形资产对被投资企业进行投资，以获得被投资企业股权的行为；证券投资是指企业通过在证券市场上购买被投资企业的股票、债券等方式进行投资以获取投资收益的行为。本书中的投资为广义上的投资概念。

企业投资的目的不外乎两点，一是为了维持企业的生存发展，二是为了获取投资收益。在企业进行投资的过程中，由于存在各种难以控制的因素和无法预料的情况，企业不一定能够达到其预期的投资目标，投入的资金不能产生或偏离既定的投资收益，进而导致企业的盈利能力和偿债能力下降，甚至有出现运营亏损等财务问题的危险和可能性，企业投资过程中产生的一系列潜在问题就是企业投资风险。

2.2.1 企业投资风险形成与分类的研究

（1）企业投资风险的起源与成因

学者王继红对大量企业投资失败的实际案例进行了深入的研究，在对企业投资风险进行理性思考之后，她认为企业投资是"趋利"的，投资过程必然存在风险。而企业投资风险主要来源于企业的投资经营过程，分别是急于做大的风险、跨业经营的风险、异地发展的风险、过度造名的风险和轻视市场的风险。

学者孙文杰等指出，企业的投资风险来源于所有可能引起投资利润率降低、投资回收期延长甚至最终无法回收投资成本的事件和过程，主要的影响因素为以下五个方面：① 投资期内投资费用的不确定性，② 投资收益的不确定性，③ 投资期间金融市场变化可能导致的购买力风险和利率风险，④ 政治风险和自然灾害等对收益结果的影响，⑤ 人为因素造成的决策失误。

学者贾创雄等认为企业投资风险主要有六大成因：一是企业盲目追求高额报酬（或超额报酬）而带来的投资风险；二是市场购买力变化带来的投资风险；三是金融危机以及利率升降引起的投资风险；四是企业盲目投资、决策失误而产生的投资风险；五是投资项目管理混乱而引起的投资风险；六是由被投资方造成的投资风险。其中，与之前学者不同的是，他们创新性地强调了投资风险也可能源自企业自身的管理不善，并指出了目前投资项目管理常见的四大问题，分别是投资项目前期准备工作不充分，投资项目建设工期延长，投资项目建设资金不足和完工交付使用后投资项目不能很快形成生产能力，并达到设计生产能力。

学者陈霞在宏观整体环境的基础上研究企业投资风险的成因，她发现导致企业投资风险的原因包括：企业复杂的财务管理环境，局限的财务管理可控范围，投资主体多元化、投资决策不科学和管理水平相对落后，以及企业领导风险意识不强和财务人员能力不高等几个方面因素。

学者樊艳琴则将企业投资风险的成因按照投资风险是否可控分为客观原因和主观原因两类。客观原因主要包括，通货膨胀时期购买力发生变化而带来的投资风险，以及金融市场上利率变动引起的投资风险。主观原因主要涵盖三点内容：一是企业决策失误；二是企业现行的投资项目管理机制存在缺陷，主要包括投资项目管理的组织机构设置不合理、组成人员未受过相应技能培训、前期准备工作不充分等；三是企业财务管理人才素质不高。

对于企业投资风险的主要来源及成因，国内外的许多学者虽是从不同的角度对其归类划分并进行研究的，但整体思想基本一致。综上所述，可以得出以下结论：

企业投资风险是客观存在的，不以人的意志为转移。因为企业处于社会这个复杂的环境中，其内在许多因素的变化，包括经济、政治、文化、法律、技术、人口等，都会对企业的投资行为产生影响，进而引发风险。其主要表现为市场风险，根据不同的情境又可具体分为以下六种风险：购买力风险、利率风险、汇率风险、政治风险、法律风险、自然灾害等。

投资风险会发生在企业投资活动中的各个环节，包括投资决策过程和投资实施过程，其中投资决策失误（对象、资金和时间等）和投资监管不力（组织结构、人员素质、信息沟通、前期准备工作等）是引起投资风险的主要原因。因此，应当对投资过程的监督管理工作给予高度的重视，同时需要企业财务管理部门、人力资源管理部门、生产运营风险管理部门和风险管理部门之间积极配合与协调。

（2）企业投资风险的分类和表现形式

根据企业投资风险的起源和成因，可以将投资风险分为系统风险和非系统风险两大类。系统风险，又称市场风险，是指市场收益率整体变化导致的市场上所有资产收益率的变动，主要包括政治风险、经济风险、政策风险、法律风险、自然环境风险等。这类风险是市场上普遍存在的，所有企业都会遇到的，也是企业自身无法控制的。而非系统风险是针对企业自身的，可以进行控制和防范的风险，一般指企业自身的原因对某一特定资产收益率所造成的影响，主要包括管理风险、财务风险、运营风险、产品开发风险、劳资纠纷风险等。

企业投资风险指的是，企业在进行项目投资时，实际产生的投资收益率与预期之间的偏离程度。一般而言，只有当一个项目的预期收益率高于市场平均收益率（一般情况下可以用银行存款利率代替）和企业目前资产机会收益率（目前企业用同样资产投资于其他项目时可能获得的投资收益率）时，企业才会考虑对该项目进行投资。针对实际收益率、市场平均收益率和企业目前资产机会收益率三者之间的关系，企业的投资风险具体表现为以下三种形式：

第一，企业的实际收益率为负值，表示企业投资项目没有盈利，投资失败；

第二，企业的实际收益率为正，但低于市场平均收益率水平，即企业投资项目的盈利较低，应当放弃；

第三，企业的实际收益率高于市场平均收益率，但低于企业目前资产机会收益率，即企业目前所投资项目的盈利能力较好，但所获得的收益并不是最优的。

其中，前两种情况均没有达到企业的要求，属于投资失败；而第三种情况则是可以接受的，因为在企业实际经营管理的过程中，由于种种条件的影响和限制，企业往往只能寻求满意解，而不是最优解。

2.2.2 企业投资风险管理的研究

企业投资风险管理是指企业根据投资风险的起源和成因对投资过程中可能存在的风险进行识别与分析，在决策过程中对主要风险进行衡量和评价，并在项目实施过程中对其进行不断防范与控制，从而降低企业发生财务问题等损失的可能性的一系列活动。具体环节分为企业投资风险的识别与分析，企业投资风险的衡量与评价以及企业投资风险的防范与控制。

（1）企业投资风险的识别与分析

对企业投资风险的识别与分析，一般采用从宏观到微观角度的分析方法，具体来讲，主要是从宏观分析、产业（行业）分析和企业财务分析三个方面进行的。宏观分析主要考虑的风险影响因素有全球经济、国内宏观经济、政府政策和经济周期。产业（行业）分析，则主要围绕行业处于生命周期的阶段、行业对经济周期的敏感性等方面展开。企业财务分析主要包括财务报表分析、财务比率分析、杜邦分析等。通过这三个阶段的具体分析，就可以比较明确地找出对企业投资造成影响的相关风险因素，一般主要分为系统风险因素和非系统风险因素两类。

（2）企业投资风险的衡量与评价

从统计学的角度，企业投资项目的风险主要是指投资收益的变异程度，可以通过标准差的形式来表示，即在各种可能情况的投资收益率与期望投资收益率的离差平方和的算术平方根，即：

$$E(x) = \sum_{i=1}^{n} p_i x_i \qquad \sigma = \sqrt{\sum_{i=1}^{n} p_i (x_i - E(x))^2}$$

当一个投资方案由多个投资项目组成时，该投资方案的组合风险可以通过协方差矩阵计算得到，如下所示：

$$E(x_0) = \sum_{j=1}^{m} \omega_j E(x_j)$$

$$\sigma(x_0) = \sqrt{\sum_{j=1}^{m} \omega_j^2 \sigma_j^2 + \sum_{j=1}^{m} \sum_{k=1}^{m} \omega_j \omega_k \sigma_j \sigma_k \rho_{jk} (j \neq k)} = \sqrt{\sum_{j=1}^{m} \sum_{k=1}^{m} \omega_j \omega_k \sigma_j \sigma_k \rho_{jk}}$$

其中，$E(x)$ 为期望收益值；x 为投资额；n 为项目数量；p 为项目所占投资比例；ω 为投资组合中资产的权重；σ 是投资组合的标准差，通常被视为投资组合的风险度量。

在进行投资决策时，总体原则是投资收益率越高越好，风险程度越低越好。所以在评价投资方案时一般选择变异系数这一指标，即用风险（标准差）与投资收益率期望值的比值来衡量投资方案的优劣。变异系数小的投资方案，说明收益情况与风险程度的匹配是较为合理的，比较容易被选择。变异系数指标公式为：

$$V = \frac{\sigma}{E(x)} \times 100\%$$

在利用协方差矩阵法计算投资组合的风险大小时，如果风险要素呈非线性型变动，那么评价结果就会变得不太准确，因此有相关学者提出了蒙特卡罗法。虽然与之前的方法一样，都采用了协方差矩阵进行计算，但蒙特卡罗法还加入了计算极小概率事件发生概率的计算技术，使得衡量效果比较理想，但该方法需要以大量的数据资料为依托，并且还需要占用大量的计算机资源才能达到既定的效果。

另外，也有学者提出可以采用历史模拟法对投资风险进行衡量，但出于未来环境的不确定性和获取精确历史数据的限制性，使得该方法存在较大的局限性，而且评价效果并不是很好。

还有一种评价方法受到了相关学者的关注，即模糊综合评价法，很多学者例如朱冬辉和符学忠都对这种方法进行过详细的介绍。该方法以模糊数学为基础，结合统计学中数量分析的原理，旨在揭示企业投资过程中发生的不确定风险因素之间的关系。具体方法是，首先选择一些重要的风险因素建立一个指标体系，分别对各个指标进行评分并确定风险等级。如果指标是定性指标，不易取得具体数据，则通过市场调查法或专家意见法来打分加以量化。然后确定各指标相应的权重，最后得到加权后的综合得分。按照综合得分的高低，就可以对投资项目的可行性进行排序，以便于企业进行评价和选择。这种方法的实用性很强，并且操作简单，对于企业进行投资风险管理有一定的参考价值。但是该方法在计算过程中仍存在着一些不足，比如说建立风险指标评价体系时，由于只是片面地选用了一部分主要指标，所以对于风险指标的选择还不够严密；另外，对于指标权重的确定也不是特别的科学，通常方法是由风险管理部门或专家打分的方式获得，因此具有比较大的主观性，而且各风险因素的指标权重在很大程度上取决于具体的项目情况。

另外，如果企业需要对资本市场上的证券投资类项目进行风险衡量，如股票、债券等，也可以利用威廉·夏普（William Sharp）在1966年提出的投资学经典理论模型——资本资产定价模型对各个风险因素进行评价。

$$R = R_f + \beta(R_m - R_f)$$

其中，R 为资产收益率；R_f 为无风险收益率；R_m 为市场收益率；β 为调整系数。

（3）企业投资风险的防范与控制

对于风险的防范与控制也是企业投资风险管理中非常重要的一个环节。近年来，该领域的国内外学者大多是从以下这几方面内容入手：第一是树立企业投资风险管理意识，第二是建立投资风险管理机制，第三是完善投资管理程序，第四则是要提高相关人员业务素质，并结合相关的管理理论提出具体推测。其中，以下几位国内学者的研究成果最具代表性。

王关义针对控制企业投资风险提出了一套比较完整的系统性解决方案。首先，企业需要建立和完善一整套投资风险防范机制，具体包括风险预测系统、风险识别系统、风险处理系统和风险评估及反馈系统。然后就是根据选定的控制方法制定适合企业的投资风险控制计划。一般情况下，可以采用以下三种风险控制方法：一是风险避免法，即放弃相应的投资行为来规避某种风险，这是一种相对被动、消极的方法；二是风险降低法，即通过采取一定预警机制来减少损失出现的可能性，或提高企业自身的管理运作水平增加企业抵御风险损失的能力；三是风险分散法，即企业在同一时间对多个项目进行投资，通过多个投资项目的有效组合来分散市场上的投资风险。最后，企业必须加强全过程的投资风险监管与控制，并且建立完善的财务信息系统以化解风险，其操作步骤具体分为事前控制、事中控制和事后控制。

朱冬辉把企业投资风险管理的观念上升到企业战略的高度，形成了企业投资风险管理战略的理念。该理念共包含五点内容：第一，加快企业投资体制改革，实施决策追究责任制；第二，建立有效的经营管理机制，进行科学的投资决策；第三，科学、严格地进行投资评估；第四，正确地选择投资策略，其中可供企业选择的投资策略有六种，即回避型投资策略、防范型投资策略、抑制型投资策略、分散型投资策略、模仿型投资策略和转移型投资策略；第五，加强企业风险监管机制，既包括国有资产管理部门和银行等机构的外部监管，还包括企业自身的内部控制。

陈霞根据企业投资风险的起源和成因，给出了企业投资风险防范控制的相应对策：① 认真分析财务管理的宏观环境及其变化趋势，建立并不断完善企业的财务管理系统，提高企业对财务管理环境变化的适应能力和应对能力；② 提高企业的经营管理水平，增强管理者的风险防范意识，并且认真研究国家的产业政策，以市场为主体，把握好最佳的投资方向；③ 建立财务风险预警机制，加强财务危机管理，企业建立的财务预警系统应具有实时、全面和动态性；④ 企业在利用闲散资金进行其他项目投资时必须以主要产业的健康发展为前提；⑤ 通过控制投资期限和投资品种来降低投资风险；⑥ 运用保险转移和非保险转移两种方式将企业投资风险进行转移。

潘秀丽对企业投资风险的控制与应对提出了三点建议。第一步，企业要建立和完善相应的投资管理制度，制度应该涵盖投资活动的所有环节，并且需要量化涉及投资方向、投资规模、资金构成和投资回报率等的一些必要的评价指标。第二步，企业要完善投资决策程序，包括有效的决策负责机制、科学的项目预测分析、决策评价职责的划分以及足够的资源投入。第三步，企业要加强对投资项目实施环节的监督与管理，具体可分解为制定项目实施计划、进行项目实施的后续分析和项目的后续评价三个部分。

李天鸥等认为企业投资最大的风险是企业制定的投资战略与国家发展战略和国有资本布局结构调整的大局不相符甚至相悖，所以他们从国有资产监督管理机构的角度对如何有效引导企业防范投资风险进行了阐述，具体包括五方面内容：① 以国家发展战略以及国有资本布局结构调整的大局为投资方向，指导和监督企业制定和实施企业发展战略；② 将重大投资项目纳入企业发展战略的实施范围，针对不同的投资项目制定科学有效的实施方法，加强对重大投资项目的跟踪管理；③ 加强对投资战略全过程的跟踪和服务；④ 国资监管机构需要积极参与企业重大投资项目的风险调查、分析和评估工作，确保企业投资过程顺利完成；⑤ 坚持引导企业采用价值投资评估方式，提高投资决策的科学性。

2.3 企业人力资源风险管理研究综述

人力资源是指一定时期内组织中的人所拥有的能够被企业所用，且对企业有价值的教育、能力、技能、经验、体力等的总称。人力资源是企业所拥有的一种特殊的资源，具有生物性、时代性、能动性、两重性、时效性、连续性和再生性的特点。企业人力资源风险是指企业内部人力资源的不确定性为企业带来损失的可能性。

2.3.1　企业人力资源风险起源与分类的研究

（1）人力资源风险存在性的研究

学者王薛刚首先从社会经济学的角度阐述了人力资源与其他经济资源相比具有其特殊性，然后从心理学角度说明了人力资源风险的发生是由于人力资源管理中大量信息不对称现象的发生。同时，他又运用博弈论的相关理论证明了人力资源风险发生的必然性。

黄云志等人从现代企业理论入手，以人和环境的基本假设及委托代理理论为依托，研究分析了企业人力资源风险的理论基础，找出了人力资源管理过程中存在不确定性的原因，从而揭示了人力资源风险自然存在的内在机理。他们认为，企业人力资源管理的全过程是人力资源的交易过程（即企业购买人力资源的过程），可以看作是人力资源从外部交易向内部交易转变的过程。这一过程中的各个环节，包括人力资源规划、招聘、绩效考评、薪酬福利、激励等，都可能产生风险。根据现代企业理论，相关学者对人的因素、环境因素和信息因素做出了明确的界定。人的因素指人具有有限理性和存在机会主义行为两个有关行为的基本假定，环境因素包括交易活动中的不确定性和小数条件两种基本情况，信息因素则介于人的因素和环境因素之间，这三种因素的共同作用导致了交易过程中人力资源风险的产生。随着现代企业中所有权和经营权的分离以及委托代理关系的出现，由信息不对称和利益差异引发的委托代理问题更增加了人力资源风险出现的可能性，主要表现在信号传递、信息甄别、隐藏知识和隐藏行动四个方面。通过以上两方面的分析，两位学者用理论证明了人力资源风险的客观存在性，并且只能够采用相应对策来降低风险，并不能完全避免风险。

（2）人力资源风险的起源和成因

学者文晓璋基于人力资源管理过程中行为和结果的不确定性，将引发人力资源风险的因素归结为以下六个方面，主要包括人的复杂性和信息不对称，实现个人目标的手段对组织目标伤害的可能性，人力资源素质的动态特性，人生中遭遇灾害的可能性，外部持续变化的环境因素以及不健全的企业人力资源管理制度。

黄建强等人认为企业人力资源风险的产生是内部原因和外部原因共同作用的结果。其中，内部原因包括个人知识和能力的有限性、人的道德品行的复杂性、企业的复杂性和企业的相关制度因素（主要表现为权力结构失衡、监控制约手段失灵和制度变迁）；而外部原因是由社会人文环境、政治法律制度、经济、技术条件、人口五方面因素构成的。

辛日恒则指出，关于人力资源风险的成因，从不同的角度出发，可以得到不同的结论。从人力资源管理对象的角度分析，可以分为人为因素和非人为因素。人为因素是指个体劳动力具有人力资本产权，人力资本产权具有自主性、排他性和可交易性，因此会存在人才流失或者无作为等人力资源风险的发生；非人为因素是指人的心理和生理的复杂性。从人力资源管理过程的角度分析，企业人力资源的风险一方面来源于人力资源本身，另一方面则是由于人力资源管理不善造成的。具体而言，人力资源本身的风险来自人的生理和心理的复杂性，人力资源的动态性和流动性；而人力资源管理过程的风险则是由人力资源管理的复杂性、系统性和信息不对称性引发的。学者陈莉对于从人力资源管理过程角度出发研究风险成因的观点十分赞同，并且从五个方面具体列举了人力资源管理过程产生风险的原因：薪酬制度不合理，激励缺位或是失衡，压力机制缺位，培训需求不明确，执行力不足。

杨昱茬在前人研究的基础上，具体从员工个人、企业和市场三个层面分析了企业人力资源风险产生的原因。其中员工个人层面的风险主要源于人力资源本身；企业层面的风险主要是由于对企业内部经营环境中科学性、复杂性、系统性问题认识不足，即管理过程中的风险；市场层面的风险一般是外部环境所导致的系统风险。

张德荣通过对高新技术企业的人力资源风险进行研究，得到如下成果：一是人力资源风险的成因，包括人自身复杂性导致的风险、外部环境导致的系统风险、内部环境导致的过程风险；二是人力资源风险的分类，包括人为风险和非人为风险，以及按决策阶段、损失动机、使用过程等不同角度进行的分类；三是对风险预警指标体系的研究，包括人力资源组织、开发和管理模块的指标体系，以及 R&D（研发）人员的指标体系；四是对人力资源风险防范与控制措施的研究，包括制度创新、发展信息服务、期权理论应用等。此外，还对人力资源危机管理做了研究，包括危机表现形式、原因和应对策略等。

综上所述，对于人力资源风险的成因，目前比较令人信服的观点是将其分为人的因素和环境因素两大类。

① 人的因素，主要是指人力资源本身所具有的风险，如人的生理和心理的复杂性以及人力资本产权的自主性、排他性和可交易性。这部分风险主要来源于员工个人。

② 环境因素，是指产生于人与环境的相互作用之中的风险，具体又可分为企业内部环境因素和企业外部环境因素。其中，内部环境因素是指蕴藏在企业人力资源管理活动各个环节之中的不确定性和不规范性，是面向企业层次而言的；企业外部环境因素包括存在于社会这个复杂系统中的政治、经济、技术、人文等各类因素，是面向市场层次的。

（3）人力资源风险分类

目前，相关学者在对人力资源风险进行分类时，主要是按照以下两种思路进行的：一是按照人力资源管理活动中的环节进行划分，主要包括招聘风险、绩效考评风险、工作评估风险、薪金管理风险、员工培训风险、员工管理风险等；二是按照企业人力资源风险的常见表现进行划分，主要为人力资源流失、人力资源贬值、人力资源消耗及其他风险。另外，也有一些学者提出了不同或者更为详尽的见解。

刘茂福将人力资源风险划分为投资者人为风险和被投资者人为风险。他认为，由于投资者和被投资者是分离的，人的行为与投资风险紧密相关。因此，根据主观行为人是投资者还是被投资者，可以将人力资源风险分为投资者人为风险和被投资者人为风险两大类。投资者人为风险包括：① 投资对象选择风险，例如，企业招聘新员工时，由于没有准确评估应聘者的潜力和成长性，招聘的员工不符合岗位要求，导致人力资本投资回报低；② 人职匹配风险，例如，企业将一位研发人才分配到销售岗位，导致其专业能力得不到充分发挥，无法实现人力资本增值；③ 激励风险，例如，企业缺乏科学激励机制，导致核心员工流失，严重影响企业发展。

被投资者人为风险包括：① 流动风险，例如，企业核心员工跳槽到竞争对手企业，导致企业失去关键人才；②"干中学"风险，例如，企业员工在培训过程中学到新技能后离职，企业投资培训成本无法回收。

魏融则从多个角度对企业人力资源风险作了细致的划分。根据风险损失中人身伤害与否，可分为人身伤害风险和非人身伤害风险；根据风险损失发生时人力资源的动机，可分为道德风险（有意风险）和能力风险（无意风险）；根据企业中的职能作用划分，可分为管理系统人力资源风险、技术系统人力资源风险、财务系统人力资源风险、生产系统人力资源风险、营销系统人力资源风险等。

庞淑敏认为随着知识经济时代的到来，企业的人力资源管理表现出不同于之前的三大风险：人才流动风险、人才授权风险和人才个性化的市场风险。其中人才授权风险主要表现为道德风险，而委托—代理问题又是其中的典型案例。

除此之外，还有部分学者按照风险的可知程度将企业的人力资源风险分为已知人力资源风险、可预知人力资源风险和不可预知人力资源风险三类。

2.3.2　企业人力资源风险管理的研究

人力资源风险管理是指对企业中可能存在的人力资源风险问题进行识别、评价、防范和控制的管理活动，从而帮助企业降低风险发生的可能性，并减少损失给企业带来的危害。人力资源风险管理主要包括两大部分，其一是对人力资源风险进行识别，其二是针对人力资源风险进行防范。人力资源风险的识别具体是指对企业中存在并可能发生的各种人力资源风险进行识别，并且在识别过程中采取适当的措施进行解决的过程，具体又可分为风险的分析和风险的评估。人力资源风险的防范是针对识别出的人力资源风险提出具体的防范措施，并对这些具体措施的实施过程进行必要的监控。

（1）人力资源风险识别

在企业人力资源风险的识别过程中，最重要的就是要对存在的风险进行详尽的分析。辛日恒强调，所谓人力资源风险分析，就是对企业人力资源管理风险的事件、概率和后果三个要素进行逐一识别和综合分析。其中，事件是指在人力资源管理活动中企业发生损失或意外收益的具体活动，概率是指所确定的事件在企业实际运营中发生的可能性，而后果是指所确定的事件在实际环境中发生对企业、员工和社会造成影响的大小。同时需要特别指出的是，要想有效地确立人力资源风险事件，就必须充分地了解和熟悉本企业的人力资源管理活动，只有这样才能确保风险识别的准确性和可靠性。企业人力资源风险识别过程中，另一项重要工作就是对分析所得到的各类风险进行及时、准确、有效的评估。人力资源风险评估的方法有很多，一般可以分为两大类。一类是定性分析法，主要包括专家调查法、风险障碍分析法、环境分析法和分析分解法等。另一类是定量分析法，主要包括层次分析法、模糊综合评价法等。目前，国内外许多学者和企业的管理决策层都对这方面进行了大量的学习和研究，并取得了许多阶段性的成果。

张亚莉等人首先提出了专家评价法来对企业人力资源风险进行评价，其主要方法包括专家绝对评价法和专家相对打分法。与专家绝对评价法不同的是，采用专家相对打分法时要细分风险类型，同时在实际操作中还要注意专家的选择、人数，信息的沟通方式以及方法的灵活性等几个方面的问题。不过该方法具有一个较明显的缺点，就是评价者的主观性太强，因此，他们提出了一种将主观判断与定量分析相结合的方法对企业人力资源风险进行分析，该方法是在分析企业人力资源风险特点的基础上，借鉴模糊数学理论，建立的一种模糊综合评价方法，运用此方法他们研究了人力资源风险绝对量的大小，并通过具体的案例予以说明。

张英才运用模糊神经网络模型对企业人力资源风险进行评价。该模型分为两大模块，前一部分是模糊量化模块，选用了常用的七个影响企业人力资源风险的因素作为评价变量，具体为：外部经济环境、企业内部管理、员工流入风险、员工流出风险、员工身体健康、员工工作状况和员工价值观念，按照风险程度的大小用"较低""一般""高""较高"四个语言变量表示，并构造了各个语言变量的梯形隶属函数来表示其模糊性。后一部分模糊神经网络（FNN）模块，采用包含输入层、规划层、输出层在内的三层 BP 神经网络进行网络学习训练，并自动生成了各个评价指标的权重，使评价结果更具客观性和准确性，弥补了传统方法的不足。

何维达、何丹在张英才研究的基础之上，对这种非线性映射的 BP 神经网络方法做了进一步的研究和总结。他们指出这是一个由定性到定量，再由定量到定性的两步评价过程，即通过 BP 神经网络将定性的信息转为定量数据输出，然后综合评价输出结果，从而对企业的人力资源风险做出定性评价。其最大的优点在于，该方法有效地避免了人工确定各指标或各层次权重所带来的主观性，但该神经网络模型的学习性能与选取的学习样本数量和质量紧密相关，另外其内部结构的设计也会影响整个网络的学习能力和效率，这些不足之处也是不容忽视的。

林华全、向小东结合三角模糊数和层次分析法，以企业外部环境、内部环境和人力资源 3 个方面的 11 个要素为指标体系，建立模糊层次分析模型。该模型采用三角模糊数表示专家的判断信息，综合多名专家意见并对其进行加权平均，并运用层次分析法对得到的专家判断结果进行处理，从而得到各个评价因素相对权重的大小，最后举例说明了该模型的应用。他们认为，在因素相对重要性赋值阶段，传统的层次分析法只考虑了专家判断的两种可能的极端情况，而没有考虑专家判断的模糊性。因此，在对风险因素的相对重要性进行赋值时，两位学者创新地采用三角模糊数来描述专家判断信息，然后应用三角模糊数运算规则和层次分析法相结合的方法计算出各个风险因素的综合权值，从而对各个风险因素的重要性进行了有效的排序。其中，在建立风险评价指标体系时所选择的评价因素如下。① 企业外部环境方面：国家政策、行业生命周期、行业竞争性；② 企业内部环境方面：企业的经济效益、企业文化、企业的管理制度；③ 人力资源个人方面：

员工思想道德素质、能力水平、身体健康状况、对企业现状的满意度、个人的理想和目标，在此基础上建立的人力资源风险评价因素层次分析模型如图2-4所示。

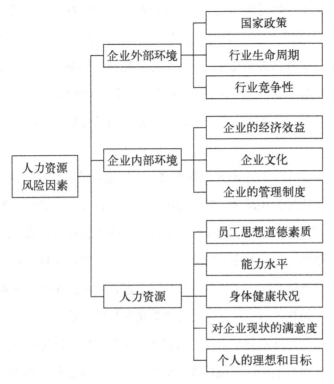

图2-4　人力资源风险评价因素层次分析模型

　　黄孝鹏、李德强二人在研究企业人力资源风险的成因和危害时发现，由于企业内部结构和外部环境存在多变性和复杂性的特征，所以对于一些人力资源风险的发生概率和损失可以通过量化的形式而具体表现出来，而另一些则无法用数字准确描述。由于这种信息的不完全性和不确定性，他们发现企业人力资源系统在某种程度上具有"灰"的特性，于是在灰色关联理论的基础上，在模型中引入能够反映不确定性因素的变量，使得该模型的模拟过程更接近实际系统的运行行为和演化规律。但是与传统的灰色关联模型不同，作者在确定权重的方法上作了进一步的改进，将原先的简单算术平均方法变为信息熵方法来计算权重，不仅缩小了计算结果与实际的误差，而且避免了权重计算的主观性。这种以灰色关联理论和熵权法为基础的组合评价模型较好地克服了信息的不完全性，更为准确地给出了各风险要素对企业影响程度的排序，更利于企业评价和规避风险，是一种合理、客观、易操作的综合性风险定量评价方法。具体流程如图2-5所示。

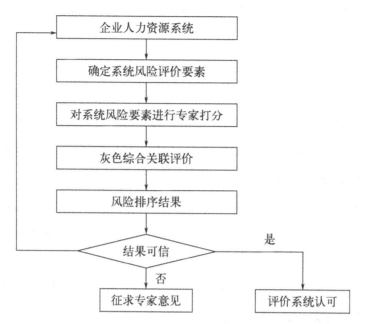

图2-5　基于灰色关联理论和熵权法的人力资源风险评估流程

秦湘灵等人则引入了云模型，并成功地对供电企业人力资源风险进行了评价。其突出特点在于，该模型将自然语言中定性概念所具有的模糊性和随机性有机地结合起来，实现了定性语言值和定量数值之间的有效转换，同时也挖掘出了更多有价值的信息。具体来说，通过云模型确定的企业人力资源风险的期望值不仅能够判断人力资源风险的大小，而且该模型的熵还可以表示各位专家所做评价的一致程度。熵值越小，表明专家们的评价意见越统一。

（2）人力资源风险防范

所谓的人力资源风险防范，就是要树立科学的人力资源管理理念，制定适合企业并具有前瞻性的人力资源规划，加强基础性人力资源管理建设，实现制度化、规范化管理，以帮助企业减少可能发生的人力资源风险，并将该风险可能导致的损失以及对企业的影响程度降到最低。

尽管学术界对于企业人力资源风险防范的研究角度各不相同，但越来越多的学者赞同辛日恒的观点，从企业人力资源管理过程的角度出发进行研究，结合风险的成因，可以将风险防范分解为招聘风险防范、培训风险防范和绩效管理风险防范三个方面。

　　在招聘风险防范方面，企业要提前做好工作分析、人员需求计划、员工测试和员工录用四项工作，从而为企业招募最合适的人才，从源头上降低人力资源风险；在培训风险防范方面，企业要以自身的战略需求为主线，结合科学高效的员工培训体制，在明确培训需求的基础上，以组织目标确定培训目的和内容，并且及时反馈评估结果，从而帮助企业顺利地展开人力资源的开发工作；在绩效管理风险防范方面，企业可以从激励机制入手，通过优化薪酬设计、导入压力机制、完善绩效考核制度、保持员工的工作热情几个方面出发，帮助企业留住优秀人才，保持一定的、合理的人才流动率，从而提高企业的核心竞争力和综合实力。

　　另外，在企业人力资源风险防范方面，一些学者和企业相关管理人员也提出了不少观点和建议。江玮指出加强企业人力资源风险防范的一种有效方法是要建立企业人力资源风险的预警机制，包括企业人才的流动预警、人力资源学历和职称预警、人员健康和年龄状况预警、人员工作态度预警、员工工作能力和业绩预警以及人力资源管理意识预警共六个方面的内容。关淑玲、蒋秀芝强调为有效地防范企业人力资源风险，建立人力资源风险管理体系的重点是建立事前风险防范机制、事中风险监控机制和事后危机处理机制，并且不断健全和完善相应的体系和制度，以确保风险意识落实到现实的管理活动之中。

　　冯叶在现代风险导向内部审计不断发展和完善的基础上，针对企业人力资源风险管理的现状和存在的问题，提出了人力资源风险审计的概念。其基本构想包括三个方面：① 人力资源风险审计应属于内部管理审计范畴，是一种审查和评价相结合的监督行为；② 人力资源风险审计在原有内部审计职能的基础上进行了扩充，内部审计由单纯的监督职能逐步向服务职能转变；③ 人力资源风险审计使企业的风险防范工作更具专门性、专业性和独立性，可以由第三方风险管理人员展开相关工作。

2.4　关于现有研究的总体评述

在竞争风险评估方面，大多数学者的研究都是从定性角度出发的，建立模型从定量角度进行研究的却很少，例如前文介绍的基于未确知模糊理论的供应链风险评估模型等等。尽管这些理论对于竞争风险评估的研究起到了一定的推动作用，但如果直接对竞争风险进行评价则会产生不准确的评价结果。通过分析企业竞争风险与竞争力的关系，可以得出企业市场竞争力的强弱，这与企业竞争风险的大小紧密相关，因此可以通过对企业竞争力的评价来反映企业竞争风险的评价结果。在指标选取方面，可以从不同的角度选取不同的指标对企业竞争力进行评价，主要的评价角度可以划分为资源和能力两个方面，这种评价体系相对于只考虑核心竞争力的评价体系要更为全面；在评价方法的选择上，可以运用一些复杂性定量方法进行评价，在分析研究各方法的优缺点之后，发现运用数据包络分析、聚类分析、脸谱模型以及 TOPSIS 排序四种方法来评价企业竞争力更为合适；在竞争风险防范措施方面，企业可以加强其风险预警机制，完善其管理过程，从而减少风险发生的可能性，以及可能带来的损失。

在投资风险方面，目前常采用的三种评价方法都不大令人满意，其中变异系数法的主要缺点在于，其评价结果在风险要素呈现非线性变动情况下就会不太准确；蒙特卡罗法在进行风险评价时，则需要占用大量的数据资料和计算机资源；模糊综合评价法虽然操作简单，但是其指标权重需要依靠风险管理部门或专家打分确定，因此存在比较大的主观性，不是很科学。在已有研究成果的基础上，本书认为对于投资风险的评价应从非线性的角度出发，建立基于 BP 神经网络的模型。另外，为了帮助企业将投资风险降低到最小，本书在已有研究方法基础上提出将层次分析法与数据包络分析法综合起来的方法对投资项目进行评价，两种方法的集成充分发挥了各自的优势，使得评价方法更为科学。在防范措施方面，企业可以建立新的基于复杂定量方法的预警模型和预警机制。

在人力资源风险方面，目前已有的评价方法主观性较强，本书运用数据包络分析法对人力资源风险的大小进行评估，并建立了相应的指标体系和相关模型，使得评价结果更为准确。同时运用博弈方法对易出现的委托代理风险进行分析，以期为制定解决措施提供依据。

综上所述，由于国有企业在我国市场竞争中占有很大的比例，因此本书专门从国有企业出发，对其在生产经营过程中极易产生的三大风险问题进行研究，并针对其特殊性给出相应的应对措施。在竞争风险管理方面，可以采用合作博弈理论的方法协调各子公司之间的资源分配问题，并在外部多维博弈思想的指导下，帮助企业根据竞争对手的策略随时调整各个子公司的竞争战略，从而实现资源配置最优，提升集团的整体竞争力，使得企业效益最大化。在投资风险管理方面，由于国有集团在投资领域具有特殊性，因此需要额外考虑其投资的选择以及风险的评价，对此本书给出了一些具体的关键举措。在人力资源风险管理方面，本书分析研究了国有企业委托代理关系方面存在的风险，并在此基础上提出了有利于国有企业人力资源风险管理的几点建议。

第三章

企业竞争风险管理方法与措施

众所周知，随着市场经济发展的深入，作为市场经济主体的企业所面临的竞争越来越激烈，从经济学的角度看，完备的竞争模式应该包括完全竞争、完全垄断、寡头垄断、垄断竞争等形式。从中国企业竞争的情况看，企业之间的竞争主要呈现为两个极端，即一部分地区或市场竞争过度，而另一部分则竞争不足。

近年来中国企业所遭受的"反倾销调查"此起彼伏，其中当然有一部分他人的原因，但是肯定有一部分原因来自国内生产商本身。在进行竞争的时候，国内的企业往往除了价格战以外鲜有新招；一些行业的产能过剩，许多行业因进入的企业过多，行业内竞争恶化，许多企业甚至全行业都处于低利润率甚至负利润率的状态，但是生产要素和企业仍不能从这一行业中退出，导致生产能力的严重闲置或产品的大量积压。这些无一例外都与过度竞争有密切的联系。过度竞争主要表现在企业生产规模的盲目扩张及生产制造项目的重复设置等。

另外，竞争不足的情况也存在于我国的诸多行业或市场。我国企业竞争不足表现在几个方面：行业垄断、竞争手段单一、市场细分少。行业垄断，一部分是我国的特殊国情决定的，还有一部分是因为市场资源不能自由流通，进而让一些企业达到对行业垄断的目的，这样不利于资源的有效配置；竞争手段单一，这种情况普遍存在于国内的企业中，国内企业的竞争往往只是停留在低水平的价格战上，对企业的发展是不利的，企业应该采取更多样化的竞争手段，比如广告、产品差异化等等；市场细分少，国内的企业习惯于"粥少僧多"的局面，往往扎堆投资一个行业，并不细分市场，并不针对特定的顾客群，不能很好地开发市场。

过度竞争和竞争不足这两种企业生存状况加剧了我国企业的竞争风险。

3.1 企业竞争风险概述

3.1.1 企业竞争内涵及性质

（1）企业竞争内涵

对于企业竞争内涵的理解，大部分学者的观点基本是一致的。刘建徽认为，企业竞争就是指在市场经济条件下，企业作为商品生产者和经营者为了争取实现企业自身的经济利益，并获得有利的产销条件而发生争夺、较量、对抗的经济关系。

张涛在其对企业竞争内涵的研究中，也提出了与刘建徽相同的观点。

企业的首要目的是生存，市场和资源有限，企业为了生存，必然与其他企业发生争夺，抢占资源和销售市场。在生存的基础上，企业要进一步在市场和资源的争夺中获得更大的份额。这就形成企业之间的竞争关系，而且这种竞争关系会一直持续下去。

（2）企业竞争的性质

① 客观性。竞争的直接的目的是抢夺市场和资源，市场的有限性和资源的稀缺性导致企业必须通过竞争才能获得自己生存发展所需的市场和资源。在当代，市场经济的本质就是竞争经济，企业在竞争的条件下，要学会分析竞争环境，培养竞争优势，制定竞争战略和策略，以便最终在竞争中取得胜利。

② 物质利益性。企业参与竞争的目的是生存，企业生存的目的是获取物质利益。企业是追逐利益的主体，利益的驱动才会使企业参与到市场的竞争中来。从结果上看，企业在竞争中成功或者失败也都是用其所获得的利益来衡量的，获利多的企业在竞争中取胜，获利少甚至为负的企业则会被竞争淘汰。企业竞争获得的物质利益与企业的优胜劣汰息息相关。

③ 风险性。企业参与竞争，会受到一系列来自环境和自身因素的风险的影响。企业身处的环境是极其复杂的，市场环境、政策环境、自然环境等任何一种环境的变化，如果企业没有做好调整，对企业的打击都可能是巨大的；企业自身组织内部的变动、竞争策略的变化也导致其在竞争中面临风险。

3.1.2　企业竞争风险的表现及原因

（1）企业竞争风险的表现

企业竞争风险首先体现在市场主体空前增多，包括现有竞争者、新加入竞争者、同业竞争者及异业竞争者。竞争的激烈和残酷，加剧了市场的不稳定。其次，竞争是全方位、多层次的，这就导致了企业竞争风险表现的多样性。

① 决策风险。在市场经济条件下，决策对于企业的生存发展越发重要。决策的正确与否直接影响企业的竞争力。无论是战略层面上的决策还是具体操作层面上的决策，对企业的竞争都会产生或多或少的影响。

② 价格风险和非价格风险。价格风险是由于价格变动导致的实际收入和预期收益发生偏离的风险。非价格风险是指在竞争中由于竞争对手采用广告、技术创新、产品差异化、规模生产等手段引起的成本下降等所导致的，不是由于价格原因所导致的风险。这两种风险是完全不同的：一种是由于供应商或供应商的价格变动所引起的，价格变动可能导致这项业务的直接成本、效益降低；另一种在某一时段则更具有隐蔽性。

③ 模仿风险。模仿风险，就是企业的产品被其他企业仿制的风险。这里的模仿也有两种情况。一种情况是由于产品的易模仿程度高，其他企业也可以生产出具有相同功能的产品，但不涉及知识产权侵权。还有一种情况则是假冒伪劣，这种情况产生的后果比第一种要严重，对企业的信誉、声望以及发展都有很大的影响。模仿风险实际上强调的是核心竞争力和创新的问题，它要求企业具备其他企业不易模仿超越的能力并且始终不断创新以保持领先地位。

④ 财务风险。这属于企业内部的经营风险，资金流对企业的运营周转极为重要。在竞争中价格变动是比较常见的情况，但是如果财务上应收账款不能及时收回，资金流出现断裂的话，轻则产生额外损失，重则影响企业的生存。

（2）企业竞争风险产生的原因

企业竞争风险从根本上说，来自社会环境和市场经济运行的不确定性、企业活动的复杂性和企业主观认识能力的局限性，以及控制能力的有限性。

① 社会条件。主要是指企业所在的社会环境，如果企业所在的社会环境比较动荡，无疑对企业的经营是不利的。企业在经营过程中需要考虑很多社会文化因素，包括政策导向、社会安定、宗教禁忌等。其中，需要引起注意的是法律因

素，企业，特别是跨国企业在经营时需要时刻注意所在国家、地区法律法规的限制，无视法律法规经营的风险非常之高。

② 经济条件。这里的经济条件主要是指市场经济条件，特别是企业的资源来源和销售市场两个点。企业需要特别关注企业的经济环境，否则资源来源地或者市场上一些微小的变动都足以给企业带来巨大的影响。市场经济下，企业只是诸多参与单位中的一员，类似于网络中的节点，需要提升网络的安全性。

③ 科技条件。科学技术是第一生产力，正是由于科学技术的发展，才使得生产力得以解放，才使得企业能作为主体参与到经济中来。对于很多企业，特别是高新技术企业来说，科技是立业之本。但是，正是现代企业对科学技术的依赖，导致企业一旦没有跟上科技的进步，便会很快被淘汰，使得竞争变得更加激烈。当代的企业不仅要具有不断创新的意识，还需要具备敏锐的科技"嗅觉"。

④ 管理和决策能力。现在企业环境的多变性、复杂性要求企业决策者具备很强的决策和管理能力以应对随时随地发生的风险。当然，管理和决策能力水平的高低还取决于信息的获取程度，现在企业的竞争已经越来越演变为信息的竞争，谁掌握的信息越多，谁就越能降低竞争风险，在市场上占据主动。

3.1.3 领导企业的竞争风险

如果一个企业在市场中已经处于相对优势的地位，它的一举一动能够影响到其他厂商的决策行为，我们就认为这个企业是其所在市场的领导者。作为领导者的企业，其竞争风险有别于一般类型的企业。它的竞争风险除了上述提到的情况之外，还涉及两方面的外部因素。一方面，市场中可能存在多个领导企业，领导企业之间存在竞争风险，类似于寡头之间的竞争。另一方面，对于行业强势企业来说，如何防止潜在企业进入该行业，如何防止弱势企业做大以保证自己的利润水平等将是新的竞争风险考量点。本书试着运用经济学博弈论方法进行分析。

（1）多领导企业的斯坦克伯格博弈

这里考虑的是垄断竞争市场，即市场上存在多个类似于垄断厂商的领导企业，还有一部分追随的小企业。领导企业在市场中享有绝对的话语权（当然这个市场范围的大小应视具体情况而定，可能是以地域划分的市场，也可能是以产品划分的市场），小企业则根据领导企业的行为来决定自己的决策。两者不是同一时间进行决策，而是带有明显的先后顺序。

在斯坦克伯格博弈中市场上的领导企业能够在追随者确定它们的产量水平前首先选择一个特定的产量水平，追随者企业观察领导企业的产量后再做出它们的产量决策。两者的博弈顺序如图 3-1 所示。

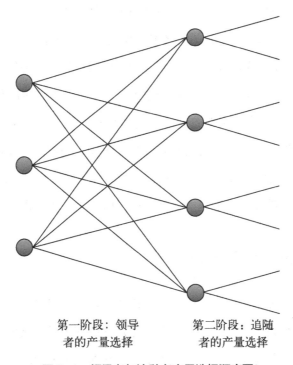

第一阶段：领导
者的产量选择

第二阶段：追随
者的产量选择

图 3-1　领导者与追随者产量选择顺序图

假设某一行业有 m 个领导者，$j = 1, 2, \cdots, m$，有 n 个追随者，$k = 1, 2, \cdots, n$，每一个企业的可变成本为 c，固定成本均为 b。市场价格由 $P = a - Q$ 确定，其中 Q 为该市场企业的总产量。a 为消费者的最大需求量，即价格为零时的市场需求量。a 与 b 均为常数。这里涉及的价格和成本不单单指生产型企业生产的产品，也可以是服务型企业提供的服务等。

（2）确定领导者与追随者的均衡产量

由于决策有先后顺序之分，我们使用逆向归纳法先确定一个典型追随者的反应函数。另外，还假设领导企业由于竞争力相当，它们之间的产量相同；追随者之间的产量也相同。

追随者的利润函数为：

$$\pi_k = Pq_k - cq_k - b$$
$$\because P = a - Q$$
$$\therefore \pi_k = (a - mq_j - q_1 - q_2 \cdots - q_n)q_k - cq_k - b$$

其中，Q 为该市场企业的总产量；q 为单个企业的产量；a 与 b 均为常数。

追随者利润最大化的条件为一阶导数为零，所以令

$$\frac{\mathrm{d}\pi_k}{\mathrm{d}q_k} = a - mq_j - (q_1 + q_2 + \cdots + q_n) - q_k - c = 0$$

$$q_k = \frac{1}{2}\Big[a - c - mq_j - (q_1 + \cdots + q_{k-1} + q_{k+1} + \cdots + q_n)\Big]$$

由于追随者之间的产量相同，所以

$$q_k = (a - c - mq_j) / (n+1)$$

领导者的利润函数：

$$\pi_j = Pq_j - cq_j - b$$
$$\therefore \pi_j = [a - nq_k - (q_1 + \cdots q_m)]q_j - cq_j - b$$

领导者利润最大化的条件为一阶导数为零，所以令

$$\frac{\mathrm{d}\pi_j}{\mathrm{d}q_j} = (a-c)/(1+n) - 2q_j(n+1-mn)/(n+1) - (q_1 + \cdots + q_{j-1} + q_{j+1} + \cdots q_m) = 0$$

由于领导者之间的产量相同，所以

$$q_j = (a-c) / (1+n+m-mn)$$

代入追随者的函数可得：

$$q_k = [1 - m/(1+n+m-mn)](a-c)/(1+n)$$

领导企业与追随企业的均衡产量得以确定。

从结果中可以看出领导企业获得较高的利润，而追随企业获得较低的利润，领导企业相对于追随企业而言具有先动优势，即领导企业会预先选择一个最有利于自己发展的产量水平。领导者企业之间的竞争关系变得比较微妙，实力接近使得它们具有相似的产量水平，因而它们之间的竞争就只能在成本、质量以及市场宣传等方面展开，竞争趋向于多元化。

（3）领导企业竞争性的保持策略

正如之前所说，领导企业的竞争风险来自两个方面，一是来自领导企业之间的竞争，二是来自潜在进入者和弱势企业的崛起。对于来自第一方面的竞争风险，企业的策略就是在多方面，特别是市场宣传方面进行竞争，降低自身的竞争风险。对于第二方面的竞争风险，有几种策略可以选择，其中运用较多的就是提高行业进入壁垒。

领导企业可以通过多种手段提高进入壁垒，包括限价、掠夺性定价以及预先承诺等手段。

限价是指在潜在进入者进入市场之前，由领导企业确定一个较低的价格，使潜在进入者知难而退。

掠夺性定价是指当潜在进入者进入市场之后原有的领导企业确定一个低的价格来打压新进入者，迫使其退出，更多的时候这只是一种威胁。但是在市场中有多家领导企业的情况下，采取掠夺性定价通常是不可取的，因为会招致其他领导企业的报复，而且企业的自身实力有限，承受不了掠夺性定价带来的负面效应。

预先承诺是指领导企业在先期进行投入，形成沉淀成本，使得进入者在进入的时候发现自己可获得的利润率比较低，从而放弃进入。我们这里主要讨论预先承诺。

假设一个进行两期的博弈模型，只有一个领导企业和一个潜在进入者。在第二期里一旦进入发生，领导企业还是处于比较优势的地位，所以假设两个企业进行斯坦克伯格竞争。领导企业在第一期已经进行资本投入，该投入降低了领导企业第二期的边际成本，这笔投资可以当作第二期的沉淀成本。

根据上面的计算我们可以得出，只有一个领导企业和一个追随者的时候，领导企业的均衡产量为 $(a-c)/2$，追随企业的产量为 $(a-c)/4$。分析过程如图 3-2 所示。

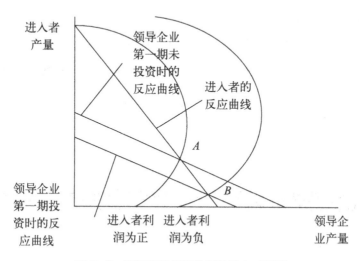

图 3-2　斯坦克伯格竞争下的进入威慑图

如果领导企业在第一期没有投资，那么第二期当潜在进入者进入时，由于发生斯坦克伯格竞争，所以两者的反应曲线会在 A 点相交，即进入者产量是领导企业产量的一半。进入者得到的利润将为正，所以，进入者肯定会进入市场，不存在进入壁垒或者说进入壁垒比较低。

如果领导企业在第一期做出投资，其反应曲线将会移动，第二期进入者进入市场的话，两者的均衡点将出现在 B 点上，领导企业产量较多，而进入者产量较低。此时进入者得到的利润将为零或负，或者说进入的期望利润很低，进入者便会放弃进入，这样就达到了进入壁垒的效果。领导企业会有一个相对安全的潜在竞争环境，风险较低。

事实上，预先承诺的途径不止资本投资一种。还有几种途径与资本投资具有同样的效果。

① 研究与开发：未来边际成本的减少可以通过增加研究和开发投入的方式

来实现。当然，研究与开发还涉及一个关键的问题就是其成功的概率，如果某项研究与开发成功的概率很小，企业就必须做出其他选择。

② 广告：广告的影响是持久的，现期的广告投入会影响未来企业的竞争，如果进入者想要进入市场并参与竞争，就不得不同样投入高昂的广告成本，这未尝不是一种有效的进入威慑方式。

③ 转换成本：转换成本是指消费者转而使用另一家企业的产品时所要付出的成本。类似于网络经济，消费者从一个产品中获得的收益越多，则使用该产品的消费者数量也就越多。这种情况下，进入者就很难进入这个市场，进入威胁就成立了。

3.2　企业竞争风险与企业竞争力的关联分析

3.2.1　企业竞争力概述

关于企业竞争力的理论比较多，包括迈克尔·波特的钻石模型、基于技术创新的竞争力理论等。

目前，对企业竞争力的研究更多基于核心竞争力。核心竞争力是指企业在长期生产经营过程中的知识积累和特殊的技能（包括技术、管理等方面）以及相关的资源（如人力资源、财务资源、品牌资源、企业文化等）组合成的一个综合体系，是企业独具的，与其他企业不同的一种能力。核心能力是企业的一种优势，是企业竞争优势的支撑。本书对竞争力的评价也是以核心竞争力为基础的，尽量采用不同的视角，全面地评价企业竞争力。

3.2.2　企业竞争风险与竞争力的关系

要对企业进行竞争风险管理，就必然提及企业的竞争力。竞争力和竞争风险就像一对孪生兄弟，总是相伴而生。试想一个企业如果在各方面都做到行业顶尖，也就不存在竞争风险这个问题，因为它超卓的竞争力能够应对绝大部分局面。同样，不同企业之间的竞争力肯定存在着差异，而这种差异可以认定是由竞争风险引起的，降低竞争风险的过程就是一个提升竞争力的过程。加强风险管理，识别竞争风险，采取措施"对症下药"，是提升企业竞争力的根本途径。

企业竞争力的强弱直接影响着竞争风险的大小，企业偏弱的竞争力导致企业在市场上的话语权和主动性比较低，这样，企业的经营不仅仅会受到政策环境、市场环境等的影响，还会受到竞争力较强的企业的影响。因为，由于强弱势的差别，弱势的企业很可能会采用跟随战略，即跟着强势企业采取行动，但是，如果强势企业做出某些调整，则很可能会使弱势企业陷入周转困境，无法抵御风险。相反，如果企业在市场中处于强势的地位，即竞争力很强的话，甚至有可能对外部环境等施加压力，影响外部环境，降低竞争风险。

说到竞争风险与竞争力的关系，就不得不提核心竞争力。一方面，企业即使掌握了核心竞争力同样会遭受各种各样的竞争风险；另一方面，拥有核心竞争力的企业在经济大环境发生剧烈变动，如金融危机时，是很难被击倒的。核心竞争力的强势部分有效地应对了巨大竞争风险的影响，但其他竞争力不强的部分仍会受到各种竞争风险的影响。降低竞争风险必须从提高企业竞争力的层面入手。

从研究企业竞争力入手，竞争力差距大的指标或因素，就认定为企业竞争风险比较大的因素，进而分析这些风险因素的成因，提出解决方法与措施，来降低竞争风险。

3.3 企业竞争力的评价

3.3.1 评价指标的确定

评价企业竞争力，从定量的角度看，需要确定企业竞争力的影响因素，即选择并确定评价指标，然后才能进行定量分析。企业竞争力决定因素如图3-3所示。

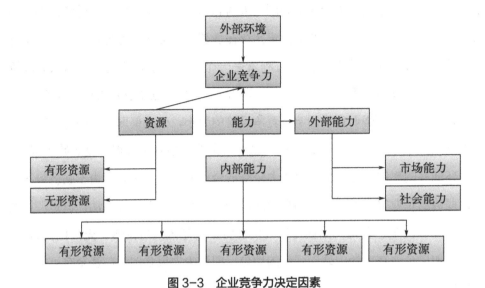

图 3-3　企业竞争力决定因素

这种选取指标的方法，从资源和能力的角度对企业的竞争力进行分解，通过选取不同的指标，从不同的角度对企业竞争力进行评价，相对于只考虑核心竞争力的评价来说要更为全面。而且，由于主要是选取定量指标进行分析，有别于传统的定性分析为主的方法，所以，在评价上更具有客观性和说服力。

3.3.2　评价方法介绍

目前对企业竞争力的研究主要还是集中在竞争力的概念、影响企业竞争力的因素以及企业竞争力的形成机制等方面。关于企业竞争力评价分析方法的研究，一般只是在理论上给予说明，或者运用层次分析法等定性成分比较多的方法，建立定量模型还不是常用的方法。

因此，本书将在前人研究的基础上，结合市场竞争结构和企业竞争风险的特点，提出四种关于企业竞争力评价的定量方法，即结合数据包络分析、聚类分析、脸谱图以及 TOPSIS 四种方法进行分析，并比较各分析结果，最终得出评价结论。

（1）数据包络分析评价方法

数据包络分析，即 DEA，是以相对效率概念为基础发展起来的一种效率评价方法，是使用数学规划模型比较决策单元间的相对效率，对决策单元做出评价的方法。通过对各决策单元输入、输出数据的综合分析，DEA 可以得出每个决策单元，即 DMU 综合效率的数量指标，据此将各 DMU 定级排序，确定有效的，即相对效率最高的 DMU，并指出其他 DMU 非有效的原因和程度。DEA 还能判断各 DMU 的投入规模是否恰当，并给出各 DMU 调整投入规模的正确方向和程度。

① C^2R 模型。

应用于竞争力评价模型的 C^2R 模型是具有非阿基米德无穷小量 ε 的模型：

$$(D_\varepsilon) \begin{cases} \min\left[\theta - \varepsilon(\hat{E}^T S^- + E^T S^+)\right] = V_D \\ s.t. \sum_{j=1}^{n} \lambda_j X_j + S^- = \theta X_0 \\ \sum_{j=1}^{n} \lambda_j Y_j - S^+ = Y_0 \\ \lambda_j \geq 0, j = 1, 2, \cdots, n \\ S^- \geq 0, S^+ \geq 0 \end{cases}$$

其中，$\hat{E} = (1,1,\cdots,1) \in R^m$；$E = (1,1,\cdots,1) \in R^S$；$S^+$、$S^-$ 分别为输出、输入松弛变量。

② DEA 有效性。

DMU 为弱 DEA 有效的充分必要条件是规划问题 (D_ε) 的最优解 $V_D = 1$。

DMU 为 DEA 有效的充分必要条件是规划问题 (D_ε) 的最优解 $V_D = 1$，且它的每个最优解 $\lambda^0 = (\lambda_1^0, \cdots, \lambda_n^0)^T$，$S^{-0}$，$S^{+0}$，$\theta^0$，都满足 $S^{-0} = 0$，$S^{+0} = 0$。

③ DMU 的规模收益分析。

当 $\lambda^0 = (\lambda_1^0, \cdots, \lambda_n^0)^T$，$S^{-0}$，$S^{+0}$，$\theta^0$ 为规划问题 (D_ε) 的最优解时，若 $\sum_{j=1}^{n} \lambda_j^0 / \theta^0 = 1$ 成立，则 DMU_{j0} 为规模效益不变；若 $\sum_{j=1}^{n} \lambda_j^0 / \theta^0 < 1$ 成立，则 DMU_{j0}

为规模效益递增；若 $\sum_{j=1}^{n} \lambda_j^0 / \theta^0 > 1$ 成立，则 DMU_{j0} 为规模效益递减。

④ DMU 在相对有效面上的投影。

考虑 DMU_{j0} 对应的带有非阿基米德无穷小量 ε 的对偶规划问题 (D_ε)，设其最优值为 $\lambda^0 = (\lambda_1^0, \cdots, \lambda_n^0)^T$，$S^{-0}$，$S^{+0}$，$\theta^0$，令 $\hat{X}_0 = \theta^0 X_0 - S^{-0}$，$\hat{Y}_0 = Y_0 + S^{+0}$，则称 $(\hat{X}_0, \hat{Y}_0)$ 为 (X_0, Y_0) 在有效前沿面上的投影，$(\hat{X}_0, \hat{Y}_0)$ 相对于原来的 DMU（总体）是 DEA 有效的。

（2）聚类分析评价方法

聚类分析（Cluster Analysis）是统计学的一个分支，主要通过数据挖掘技术将一个没有标签的数据集分成由类似的对象组成的多个类别，即"聚类"。聚类分析的目标是在没有预先指定聚类数量的情况下，找出数据内在的结构或模式。

系统聚类法是目前国内外运用最多的一种聚类分析方法，它包含以下步骤：

第一步，计算 n 个样本（或指标）两两之间的距离；

第二步，每个样本各自成为一个类，这样就有 n 个类；

第三步，合并距离最近的两个类为一个新类；

第四步，计算新类与其他各类的距离，若类的个数等于 1，转到第五步，否则回到第三步；

第五步，画出聚类图；

第六步，根据聚类图等聚类结果，决定该 n 个样本（或指标）应当分为几类。

（3）脸谱图评价方法

利用脸谱图多元统计分析能给企业竞争力一个直观综合的评价。

脸谱图的思想是将每个指标用人脸的某一部位的形状或大小来表达，这样利用 p 个变量的数值就可以勾画出一个人的脸谱，这些脸谱之间的差异，就反映了所对应的样品之间的差异特性。

S-Plus 软件提供的脸谱图的方法包含 15 个变量，15 个变量的含义解释如表 3-1 所示。

表 3-1　15 个变量的含义

变量代码	含义	变量代码	含义
Z_1	脸的大小	Z_9	眼睛的角度
Z_2	脸的形状	Z_{10}	眼睛的形状
Z_3	鼻子的长度	Z_{11}	眼睛的宽度
Z_4	嘴的位置	Z_{12}	瞳孔的位置
Z_5	嘴（笑或怒）的弯度	Z_{13}	眉毛的位置
Z_6	嘴的宽度	Z_{14}	眉毛的角度
Z_7	眼睛的位置	Z_{15}	眉毛的宽度
Z_8	两眼之间的距离		

在具体应用脸谱图时，要建立原始数据与脸谱图的变量转换关系，具体过程是把原始数据标准化（采用极差标准化）后，根据各个子要素分别对各自所包含的指标进行等权综合，然后得到各方面指标的竞争力分值。

同时，去除每个要素中的最大值、最小值做出企业竞争力的脸谱图，竞争力脸谱图能直观地评价企业之间的竞争力差异和优劣势特征区别。

（4）TOPSIS 评价方法

通常在用上述几种方法进行竞争力度量排序的时候，往往会遇到几家企业在同一种指标的数据相同，无法细分其竞争力的情况，这个时候，就需要用到 TOPSIS 方法。

TOPSIS 方法可以为企业竞争力度量和排序提供更为细致的分析结果，其适用的原则为：确定一个基本标准，实际值 X_{ij} 在其左右变动，但以接近标准值 Z_{ij}

为最优，根据其接近程度（距离的远近）进行排序。首先对评价对象（或指标）的原始数据进行标准化处理，同时作向量标化（如对低优指标用倒数法转换为高优指标）；然后获得评价指标的最优点集 Z_i^+ 和最劣点集 Z_i^-，根据 Z_{ij}、Z_i^+、Z_i^- 计算各指标值与最优值的距离 D_i^+ 和最劣值的距离 D_i^-；最后由 D_i^+ 和 D_i^- 计算出与最优值的相对接近程度 C_i。C_i 越大，表明越接近最优水平。

计算公式如下：

$$Z_{ij} = X_{ij} / \sqrt{\sum (X_{ij})^2}$$
$$D_i^+ = \sqrt{\sum (Z_{ij} - Z_i^+)^2}$$
$$D_i^- = \sqrt{\sum (Z_{ij} - Z_i^-)^2}$$
$$C_i = D_i^- / (D_i^+ + D_i^-)$$

其中，$i = 1, 2, 3, \cdots, n$。

3.4　企业竞争力评价的实证分析

3.4.1　评价指标的选取

评价企业的竞争力，首先需要确定竞争力所涉及的评价指标。本实证分析从以下几个方面选取指标。

（1）企业拥有资源的水平

这里的资源包括企业有形与无形的资产，资产的重要性不言而喻。一般而言，资产越雄厚的企业在市场竞争中的话语权越重，相对来说对自身竞争更有利一些。本书选取的企业资源类的指标为总资产和本科以上学历人员比重。选择这两个指标主要是从有形与无形资产两个角度考虑，人力资源是无形资产中比较重要的一部分，而且在企业未来的发展中起到相当重要的作用；总资产则是企业整体的一个综合性指标，具有较强的说服力。

（2）盈利能力

这一能力属于企业经营的"内功"，盈利能力往往与企业的生存能力息息相关，企业的盈利能力同样也是股东们最为关心的能力之一。本书选取总资产报酬率作为衡量该能力的指标。总资产报酬率衡量企业运用全部资产创造利润的能力，是反映企业盈利能力的一个非常有效的指标。

（3）成长能力

企业需要发展，没有发展的企业不利于长期竞争，本书选取总资产增长率作为衡量企业成长能力的指标，它用于反映企业总资产增值的能力。

（4）偿债能力

一般来说，企业竞争风险的高低与企业的偿债能力有着密切的关系。偿债能力越强，企业在危急时刻抗打击能力就越强，同样企业的信誉也会越高，这对于企业的生存发展都是非常重要的。本书选取两个指标来衡量这方面能力：资产负债率和现金比率。资产负债率主要描述企业财务现状，是对偿债能力比较直观的反映；现金比率是反映企业直接偿债能力的指标，一般来说，该指标的值越大，企业短期偿债能力就越强。

（5）资源利用能力

本书采用的是附加经济值和总资产周转率这两个指标。附加经济值又称EVA，是全面衡量企业生产经营真正盈利或创造价值的一个指标或一种规则。总资产周转率用于反映全部资产的利用效率。

（6）核心技术

这是一个软指标，并不能用数值直接衡量。本书将其分为五个等级，无任何核心技术为 0，核心技术能力稍弱为 1，核心技术同行业平均水平为 2，国内领先为 3，世界领先为 4。

（7）外部竞争能力

企业的外部竞争能力，又称企业的环境协调能力，是指企业所处在进入某行业，或者企业所处的社会、政治、经济等环境发生变化时，企业做出应对并保持竞争力的能力。本书选取营销人员比重这个指标，它反映的是企业对市场营销的重视程度和为营销所做的人力投入。

选取的对象为 LH 企业集团，由于有些数据不全，本书剔除了数据不全的几家企业，对剩余的企业进行聚类分析，各企业的数据如表 3-2 所示。

表 3-2　各企业聚类数据表

项目	总资产/万元	本科以上学历人员比重/%	总资产报酬率/%	总资产增长率/%	资产负债率/%	现金比率/%
华能房地产	8166.10	44.44	7.30	22.73	68.66	0.76
云华房地产	14022.90	56.52	3.87	31.37	61.92	−255.39
项目公司	690.00	45.28	14.60	19.36	42.33	43.31
鲁华酒店管理	606.60	9.00	−3.87	1.09	4.05	−1227.95
华能大厦	28707.30	10.88	1.14	8.92	80.33	12.98
金海湾	19205.60	4.33	0.99	2.08	55.55	45.90
青岛华能大厦	12661.50	10.81	3.84	−0.14	71.38	10.37
济宁生科	3256.00	13.82	4.15	−14.83	59.03	32.38
济宁药厂	1586.60	13.82	30.44	−3.40	43.41	−45.18
煤炭公司	4639.10	16.48	3.45	−22.14	79.18	−39.43
新融典当	4135.80	50.00	14.55	32.19	43.72	−23.20

项目	无形资产占比 /%	总资产周转率 /%	营销人员比重 /%	附加经济值 EVA / 万元	核心技术等级（0～4）	
华能房地产	0.40	28.47	17.00	832.00	2.00	
云华房地产	0.63	21.71	10.00	964.00	2.00	
项目公司	1.13	0.96	88.00	418.00	2.00	
鲁华酒店管理	0.17	−0.21	22.00	92.00	2.00	
华能大厦	0.13	−0.53	1.90	1656.00	2.00	
金海湾	0.17	−0.49	2.46	1434.00	2.00	
青岛华能大厦	0.17	−0.07	2.00	705.00	2.00	
济宁生科	0.23	0.28	22.00	436.00	3.00	
济宁药厂	1.29	5.45	22.00	894.00	3.00	
煤炭公司	1.68	0.61	17.00	485.00	0.00	
新融典当	0.21	44.98	100.00	583.00	2.00	

通过观察和分析聚类树状图（如图 3-4），可以将这 11 家企业分为三类：第一类为煤炭公司、新融典当、济宁生科、项目公司、济宁药厂、鲁华酒店管理；第二类企业为云华房地产、青岛华能大厦、华能房地产、金海湾；第三类为华能大厦。

第一类企业有以下几个特点。

① 企业的资源拥有量相对较低。这六家企业的总资产均不高，在无形资产上的优势也并不突出，本科以上学历人员比重也是各有差别。

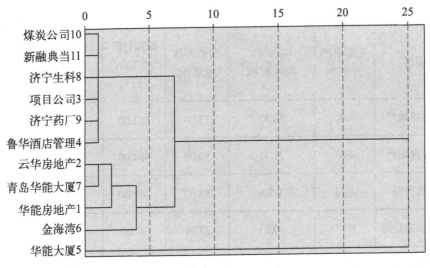

图 3-4　聚类树状图

② 偿债能力一般。首先看资产负债率，除了煤炭公司之外，其他五家企业的资产负债率都处于一个较低的水平，说明目前的经营状况良好；但是，在现金比率这个指标上，只有两家企业现金比率为正，说明这一类企业的短期偿债能力偏弱，企业的竞争风险处于较高的状态，当然，这里由于企业属于不同行业，可能会有差别，但是短期偿债能力及抗风险能力还是需要引起重视。

③ 资源利用能力有待提高。这一类的六家企业的总资产周转率都比较高，说明，企业对资产的利用是比较高效的，但是在附加经济价值（EVA）这个指标上，这六家企业处在最后一个层次上。说明这六家企业在对企业经济价值的增值上还有待提高。

④ 外部竞争力强。此类型企业的营销人员比重是最高的，也就是说企业对外部环境的应变能力非常强，企业生存能力值得肯定。

总体来说，这六家企业处于竞争力"中庸"的水平上，这类企业有很大的潜力可以开发，其中不乏将来的支柱产业。例如项目公司和新融典当，两家企业明显处于成长阶段，总资产报酬率及总资产增长率都相当可观，而且，由于本科以上学历人员比重和营销人员比重较大，企业发展的弹性很大；又如济宁生科和济宁药厂，企业掌握着国内领先的核心技术，技术上的优势会支持企业的发展或壮大。当然，这类企业也应更多地考虑短期风险，以及提高自己的增值能力。

第二类企业有以下几个特点。

① 资源拥有量大。这一类企业的总资产均比较多，拥有相对丰富的资源，而且，从本科以上学历人员比重方面看，这类企业也具有无形资产上 的优势。所以说，这类企业在资产上具有明显的优势。当然，这一归类也与企业的性质有着必然的关系。

② 盈利能力一般。这一类企业的总资产报酬率处于较低的位置，从资产的收益情况来看，企业的盈利能力并不强，但是，如果这类企业本身资产雄厚，每年所产生的资产报酬额也是比较可观的。

③ 资源利用能力强。从总资产周转率看，只有华能房地产和云华房地产的总资产周转率较高。但是从附加经济价值的角度看，这类企业的资源利用能力很强，也就是说，这类企业是相对比较成熟的企业，在市场的竞争中，有自己的独到且稳固的优势。

④ 外部竞争力弱。这类企业的营销人员比重较低。首先，这个可以从资产结构上解释，也从另一个方面说明，这类企业已经处在一个比较成熟的阶段，不因环境的变化而做出重大调整；还有一种解释就是，企业已经成熟到可以对它的周边环境施加影响，这个周边环境包括上下游供应链、政策环境、生态环境等。

总体来说，这四家企业的竞争力是比较强的，有比较雄厚的资产作为支持。较强的资源利用能力，以及稳健的运营水平等都帮助这些企业在行业中处于领先的地位。这类企业在竞争中处于优势的地位，目前需要注意的是在稳固自身竞争力的同时，增加新的价值增长点，提高企业的总资产报酬率，另外要重视人才力量的积蓄和培养以利于长期竞争。

第三类企业只有一家，即华能大厦。它的特点比较明显，总资产最多，资产负债率高且附加经济值也最多，同时营销人员的比重也最低。这些数据都说明，华能大厦是相对发展比较成熟的企业，竞争力很强，但是值得注意的是，该企业的资产负债率比较高，对企业的竞争造成了不小的风险。

3.4.2 利用TOPSIS方法评价第一聚类企业竞争力

从上节内容可以看出，利用聚类分析方法得到的第一聚类企业数量比较多，这些企业虽然聚为一类，但肯定也存在着高低差别。这些企业的竞争力排序可用TOPSIS方法求得。通过对竞争力的求取，可以得出在同一类别内部，企业之间的差距，从而找出竞争风险。

依照上述步骤，先进行标准化，标准化后的排序结果如表3-3所示。

表3-3　TOPSIS方法得到第一聚类企业竞争力排序表

项目	Z_i^+	Z_i^-	D_i^+	D_i^-	C_i	排名
项目公司	0.64	0.00	1.49	1.30	0.53	3
鲁华酒店管理	0.37	−1.00	1.77	3.67	0.33	6
济宁生科	0.84	−0.32	2.32	2.43	0.49	4
济宁药厂	0.81	−0.07	2.03	1.78	0.53	2
煤炭公司	0.69	−0.48	2.09	2.77	0.43	5
新融典当	0.99	−0.02	2.38	1.90	0.56	1

可以看到，新融典当的竞争力最高，而鲁华酒店管理竞争力最低。在TOPSIS细分之下，企业对自己竞争力的判断就更为清晰了。以鲁华酒店管理为例，它目前最大的问题在于现金比率过低，导致其短期偿债能力比较弱，企业的短期竞争风险比较大，应当完善企业自身的现金流结构，加强现金流管理，提高自身的现金比率，增强自身的抗风险能力。

3.4.3 利用DEA多维方法评价企业竞争力

用DEA方法来进行效率评价具有比较强的客观性，但是准确地说，DEA只能判断决策单元有效与非有效，对于DEA有效的所有单元无法做出细分。所以，我们引入多维的概念，即从不同的效率角度对企业的竞争效率进行评价和分析，得出综合评价。在实际评价过程中，只从一个方面进行评价，往往是片面的，不可取的，DEA 多维分析评价方法能对企业竞争力的各个方面进行详尽分析。

（1）纯粹经营竞争力维度的评价

在很多 DEA 评价模型中，并不考虑外部环境对企业的影响，事实上由于中国经济处于高速发展之中，很多经营效果不佳的企业得益于此大环境而实现盈利。因而企业的纯粹经营效率就成了可以比较和评价的标准，剔除外部环境变量的影响的方法有很多种，目前在效率评价领域应用比较多的是随机生产前沿函数（SFA），在基于博弈的委托代理理论中应用比较多的方法是锦标制度。这里采用四阶段 DEA 模型，对锦江股份进行纯粹经营竞争力评价。

锦江股份上市时间早，伴随着"锦江之星"快捷酒店的迅速扩张，企业近十年的发展可以说是"黄金十年"。这种繁荣业绩部分归功于宏观环境的贡献，部分是得益于企业正确的管理策略。

本书选取锦江股份 2000 年至 2009 年的年度运营数据，投入指标为总资产周转率、流动资金、管理费用和流动负债；输出指标为总资产增长率、资产负债率、净利润额和主营业务收入。显著性水平 $P=0.05$。其相关性分析结果如表 3-4 和表 3-5 所示。

表 3-4　投入指标相关性分析汇总表

项目	总资产周转率	流动资金	管理费用	流动负债
总资产周转率	1			
流动资金	−0.28955	1		
管理费用	−0.1755	0.272309	1	
流动负债	0.370932	0.380731	−0.54474	1

表 3-5　产出指标相关性分析汇总表

项目	总资产增长率	资产负债率	净利润额	主营业务收入
总资产增长率	1			
资产负债率	0.143312	1		
净利润额	0.309019	−0.29673	1	
主营业务收入	0.076293	−0.35261	0.346372	1

从表3-4和表3-5中可以看出，投入指标中相关性最高为0.54，输出指标中相关性最高为0.35，均在可以接受范围之内，适合用于DEA分析。

① 第一阶段DEA分析。应用DEA-Solver，采用C^2R模型，计算结果如表3-6所示。

表3-6 第一阶段DEA分析计算结果

评价单元	2000	2001	2002	2003	2004	2005	2006	2007	2008	2009
效率得分	1	0.9944	1	1	0.8573	0.8262	0.8572	1	1	1
规模收益	不变	递减	不变	不变	递减	递减	递减	不变	不变	不变

从第一阶段计算结果中可以看出，十年来锦江股份的整体运营效率较高，其中2005年的运营效率是最低的，因为2004年至2006年间恰好是企业转型期，效率受到一定影响。规模收益始终没有出现过递增的情况，也就是说企业在利用自身优势这一方面做得一般，未能迅速发现自身优势并作出反应。

② 第二阶段Tobit分析。Tobit分析中，这里选用的外部环境变量分别是存款利率、人均可支配收入和年旅游总人次。这三者与整个酒店业的发展都有着密切的联系：以2010年世博会在上海成功举办为例，世博会带来了大量游客，为上海的快捷酒店业带来了难得的发展壮大机遇；另外人均可支配收入的增加，促进人们用于"住"方面的消费不断增加；存款利率的增加，也与产业的发展有着必然的联系。

运用Stata分析工具，在计算总松弛变量的基础上得到其分析结果，其显著性水平$P=0.05$。如表3-7所示。

表3-7 第二阶段Tobit分析数据结果

项目	总资产增长率	资产负债率	净收益额	主营业务收入
利率	−0.1548344	−0.3160523	0.8772806	0.3134371
旅游总人次	0.214936	0.2360416	0.5059304	0.2370235
人均可支配收入	−0.0002735	−0.0003007	−0.0006438	−0.0003033
常数项	0.1384257	0.2962517	−0.6305108	−0.1981527

③ 第三阶段——产出调整。调整后的投入产出表见表3-8。

表3-8 调整后的投入产出表

评价单元	（I）总资产周转率/%	（I）流动资金/元	（I）管理费用/元	（I）流动负债/元
2000	0.36	442898375	76076848	404961919
2001	0.29	780196007	93376523	502664163
2002	0.32	82480244	143237652	214981336
2003	0.33	80358751	158739667	203823531
2004	0.38	711725548	178345098	308476297
2005	0.36	719847834	202898808	345548384
2006	0.36	692419019	206774109	329035957
2007	0.13	677751767	186476511	259127320
2008	0.24	741726692	175039170	208744646
2009	0.16	767137507	179875185	217357717
评价单元	（O）资产负债率/%	（O）总资产增长率/%	（O）净利润额/元	（O）主营业务收入/元
2000	0.04	0.26	118109497	69637673
2001	0.07	0.07	−114463276	60356881
2002	0.08	0.29	−277015897	70194086
2003	0.37	−0.24	−892366298	38644532
2004	0.05	0.13	−129251684	76090249
2005	0.04	0.13	−160466122	76264181
2006	0.01	0.16	−36247266	83634621
2007	1.41	0.10	−27741731	71600829
2008	0.80	−0.19	−1184611063	16328375
2009	0.18	−0.12	−1117499072	18431522

④ DEA 重新评估。DEA 的分析结果如表3-9所示。

表3-9 运用 DEA 重新评估的分析结果

评价单元	2000	2001	2002	2003	2004	2005	2006	2007	2008	2009
效率得分	1	0.9123	1	1	0.9088	0.7925	0.9883	1	0.709	0.2941
规模收益	不变	递减	不变	不变	递减	递减	递减	不变	递减	递减

从表 3-9 中可以看到，在重新评估过之后，没达到 DEA 有效的评价单元变得多了起来。各评价单元的平均得分为 0.86，较第一阶段的平均得分 0.95 有所下降，也就是说，环境因素整体上对于企业的经营是不好的，所以，导致其真实的运营效率要低于预计的效率。可见锦江股份近十年的运营与外部环境的作用有着密不可分的关系。

从效率值中可以得出如下结论。

第一，锦江股份的规模收益并没有实现递增，也就是说在不增加投入的情况下，企业仍可以通过内部管理、节约等手段实现增加产出的目的，特别是 2005 年、2008 年及 2009 年。

第二，传统的 DEA 分析对锦江股份运营效率的评价存在高估现象，即该企业并没有像外界所认为的那样，处于高运营效率水平。真实的运营效率要低于主观印象，企业在管理上还应该狠下功夫。

第三，企业在经历快速发展和扩张之后，目前正在进入一个阵痛期，扩张得太快使得企业的整体运营效率降低，目前企业的真实运营效率为十年来的最低水平，企业需要改善的地方比较多，需要引起决策者和管理者的高度重视。

第四，企业的外部环境变量中，年旅游总人次的影响、存款利率的影响、人均可支配收入的影响等都比较复杂，需要具体情况具体分析。企业并不需要在人均可支配收入高的地区进行扩张和发展，而是更多地在旅游城市进行扩张布点，同时密切注意宏观经济变化，为企业是否扩张和是否合适扩张提供决策参考。

第五，企业的规模报酬多数呈现递减的趋势，所以企业近期不应以扩张作为企业发展的主要手段，在强化内部管理、提高经营绩效的基础上，保持恰当的扩张速度和规模应该是目前企业的主要发展基调。

（2）具体经营竞争力维度的评价

旅游酒店业是我国发展比较迅速的行业之一，由于整体经济不断发展，并借助北京奥运、上海世博等活动的影响，旅游酒店业迅速摆脱了金融危机的影响，迎来了难得的发展契机。在快速发展的同时，基于绩效的经营效率是不可忽略的问题，如果企业只是盲目扩张而并不注重经营效率的管理，则很可能导致资产增加，其他关键性指标却全面下降，拖累整个企业的经营绩效。

① 选取指标和样本。影响企业绩效的因素有很多，主要分为外部因素和内部因素。由于金融危机、政策环境等因素的难度量性和复杂性，这里并不对企业的外部因素进行深入的考虑。在内部因素的选择方面，将企业的经营效率分为四个子系统，子系统1~4分别是成本控制效率、盈利效率、内部管理效率和风险控制效率。本书有针对性地选取了11个指标，样本主要选取了我国旅游酒店板块28家上市公司的数据，数据来源于新浪网公布的这些企业的2009年年度报表。

选取的指标为：总资产、总资产增长率、现金比率、净利润额、流动资金、销售费用、管理费用、应付职工薪酬、流动负债、主营业务收入以及所有者权益。

本书将企业经营效率分为四个子系统，其相互关系如图3-5所示。

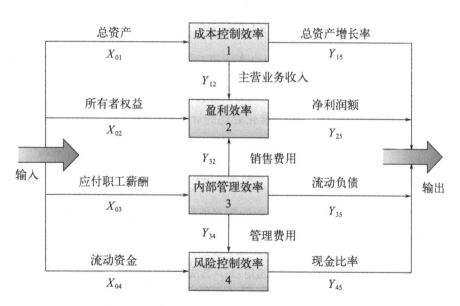

图3-5 企业经营效率评价子系统的相互关系图

其中，X_{01}、X_{02}、X_{03}、X_{04}表示系统的输入指标，Y_{15}、Y_{25}、Y_{35}、Y_{45}表示系统的输出指标，Y_{12}、Y_{32}、Y_{34}表示系统的中间产品，以Y_{12}为例，它既是子系统1的输出指标，又是子系统2的输入指标。

② DEA 模型及计算结果。本书网络 DEA 的计算模型为：

$$\text{Min}\,\theta$$

$$\text{sub}-4\begin{cases}\sum aY_{45} \geqslant y_{45}\\\sum aY_{34} \leqslant y_{34}\\\sum aX_{04} \leqslant \theta x_{04}\\a \geqslant 0\end{cases}\qquad \text{sub}-2\begin{cases}\sum cY_{25} \geqslant y_{25}\\\sum cY_{12} \leqslant y_{12}\\\sum cY_{32} \leqslant y_{32}\\\sum cX_{02} \leqslant \theta x_{02}\\b \geqslant 0\end{cases}$$

$$\text{sub}-3\begin{cases}\sum bY_{35} \geqslant y_{35}\\\sum bY_{34} \geqslant y_{34}\\\sum bY_{32} \geqslant y_{32}\\\sum bX_{03} \leqslant \theta x_{03}\\b \geqslant 0\end{cases}\qquad \text{sub}-1\begin{cases}\sum dY_{15} \geqslant y_{15}\\\sum dY_{12} \geqslant y_{12}\\\sum dX_{01} \leqslant \theta x_{01}\\d \geqslant 0\end{cases}$$

由于原始数据中包含较多的负值，不利于 DEA 模型的计算，所以本书将原始数据进行标准化后再代入网络 DEA 中计算。

设 x_{ij}（$i=1,2,\cdots,m$；$j=1,2,\cdots,n$）表示第 i 个评价目标的第 j 项指标的实际值。y_{ij} 表示 x_{ij} 经处理后对应的新的指标值。设 $\max\limits_{1\leqslant i\leqslant m} x_{ij}$ 为第 j 项指标的最大值；$\min\limits_{1\leqslant i\leqslant m} x_{ij}$ 为第 j 项指标的最小值。本书的标准化处理的计算公式为：

$$y_{ij}=\frac{x_{ij}-\min\limits_{1\leqslant i\leqslant m} x_{ij}}{\max\limits_{1\leqslant i\leqslant m} x_{ij}-\min\limits_{1\leqslant i\leqslant m} x_{ij}}$$

为了便于分析比较，每个子系统的效率值都用 C^2R 模型单独求出。计算结果如表 3-10 所示。

表 3-10　运用 DEA 方法计算结果

评价单元	网络 DEA 效率值	风险控制效率 1	内部管理效率 2	盈利效率 3	成本控制效率 4
1	0.33	0.0940	0.19	0.120	0.2367
2	0.75	0.0660	0.44	0.020	0.7623
3	1	0.1870	0.42	0.040	0.5363

评价单元	网络 DEA 效率值	风险控制效率 1	内部管理效率 2	盈利效率 3	成本控制效率 4
4	0.47	0.4100	0.01	0.010	0.4878
5	0.84	0.0700	1	0.018	0.1304
6	0.50	0.0840	0.06	0.070	0.4843
7	0.66	0.1880	0.16	0.001	0.2306
8	1	0.0102	0.04	0.860	0.1694
9	0.20	0.0530	0.61	0.030	0.1468
10	1	1	0.08	0.080	1
11	0.50	0.0110	0.25	0.210	0.2709
12	1	0.0350	0.07	0.660	0.5686
13	0.31	0.0306	0.10	0.050	0.2463
14	0.25	0.0142	0.11	0.100	0.2658
15	0.34	0.0470	0.12	0.050	0.6888
16	0.50	0.0570	0.09	0.110	0.1416
17	1	0.0830	0.47	0.010	1
18	1	0.4840	0.12	0.020	0.1414
19	0.30	0.0100	0.09	0.070	0.3182
20	1	0.4170	0.13	1	0.0740
21	0.50	0.0870	0.04	0.150	0.2551
22	0.30	0.0133	0.22	0.020	0.3260
23	0.75	0.0790	0.35	0.010	0.7839
24	0.35	0.3980	0.18	0.070	0.1136
25	0.30	0.0100	0.06	0.020	0.2878
26	0.45	0.1610	0.13	0.020	0.3800
27	0.92	0.0470	0.28	0.020	1
28	0.95	0.0090	0.30	0.030	1
平均	0.62	0.1500	0.22	0.140	0.4300

③ 结果分析。第一，网络 DEA 效率值低于 0.4 的有 9 个，即发展经营状况属于整体偏下水平的一组，整体情况是核心竞争力不明显，各方面与网络 DEA 有效的单元相比均存在较大的差距。如得分最低的第 9 个评价单元，它的经营效率不应该被盲目地全盘否定，它在内部管理效率上与其他企业相比具备一定的优势，企业在经营中的薄弱环节在于盈利效率和成本控制效率，所以，企业可以率先从这两个方面着手提高企业的经营绩效；再看得分效率为 0.25 的第 14 个评价单元，它的问题并不是有明显的薄弱环节，而是它的各个环节都比较平庸，企业并没有凸显自己的核心竞争力。这 9 个得分较低评价单元的效率解释及建议如表3-11 所示。

表 3-11 得分较低评价单元的效率解释及建议

评价单元	效率解释	建议
1	在内部管理上具备一定优势，其他方面与其他企业差距明显	提高企业的盈利能力
9	内部管理优势较大，成本控制和盈利能力弱	加大营销力度，提高资本使用效率
13	各方面表现平庸，缺乏核心竞争力	培育企业的核心竞争力
14	各方面表现平庸，缺乏核心竞争力	培育企业的核心竞争力
15	成本控制效率较高，盈利能力差	寻找新的盈利渠道，寻找新客户
19	各方面表现平庸，缺乏核心竞争力	培育企业的核心竞争力
22	内部管理和成本控制能力较强，风险控制能力弱	增强风险意识，降低经营投资环节风险
24	风险控制效率和内部管理效率较高，成本控制能力弱	加强对成本的控制及使用效率
25	成本控制具备一定能力，其他方面与其他企业差距明显	提高风险控制和盈利能力应该是重中之重

第二，网络 DEA 效率值在 0.4～0.7 之间的评价单元有 7 个，这组评价单元虽然得分并不高，但是在某个子系统中具备较高的得分，即企业在经营中具备自己的核心竞争力或者说关键优势，企业目前需要做的就是弥补不足，进一步提升企业的经营效率。该组评价单元的效率解释及建议如表 3-12 所示。

表 3-12　得分一般的评价单元的效率解释及建议

评价单元	效率解释	建议
4	风险控制与成本控制上具备优势，盈利能力及内部管理能力弱	加强内部管理，拓展新的盈利来源
6	成本控制能力强，其他方面表现平庸	不应在成本使用率上做文章，应该增加其他方面的投入
7	风险控制上具备一定优势，盈利能力差	首要解决盈利能力低下的问题
11	在风险控制上比较薄弱，其他方面表现均一般	经营问题主要体现在风险控制上
16	盈利能力较强，其他方面均有待提高	需要整体提高多方面能力
21	盈利能力及成本控制上有一定优势	需要在风险控制及内部管理上加大投入
26	盈利能力差，其他方面表现一般	首要加大盈利方面的投入

第三，网络 DEA 效率值在 0.75～1 之间的评价单元共有 5 个，这组企业具备较强的竞争优势，而且，目前需要做的就是改善某一个或两个子系统效率的不足。这组评价单元的效率解释及建议如表 3-13 所示。

表 3-13　得分较高评价单元的效率解释及建议

评价单元	效率解释	建议
2	内部管理和成本控制优势明显	提高风险控制和提高盈利能力
5	内部管理能力最强	其他方面都有很大的提高空间
23	内部管理和成本控制优势明显	提高风险控制和提高盈利能力
27	成本控制能力最强	着重提高盈利能力和风险控制能力
28	成本控制能力最强	着重提高盈利能力和风险控制能力

网络 DEA 有效的评价单元共有 7 个，但是并不是说效率值为 1，就表明企业在各个环节表现良好，企业在一些环节仍有可提高的环节。网络 DEA 有效的个数要多于单个系统的有效个数。说明，在增加考虑的全面性之后，系统效率更加具有说服力。另外，也有评价单元数目不够多的影响。这组评价单元的效率解

释及建议如表 3-14 所示。

表 3-14　网络 DEA 有效的评价单元的效率解释及建议

评价单元	效率解释及建议
3	各方面表现均衡，风险控制能力有待提高
8	盈利能力突出，内部管理效率较低
10	风险及成本控制优势明显，需加强内部管理
12	各方面表现均衡，风险控制能力和内部管理能力仍有上升空间
17	成本控制能力突出，盈利方面需要加大投入
18	各方面表现均衡，盈利能力有待提高
20	盈利能力突出，成本控制能力弱

（3）总结

本书运用网络 DEA 的方法，打开旅游酒店类企业效率评价的"黑箱"，研究表明，中国旅游酒店类企业整体绩效处于比较好的水平，但是没有企业能做到尽善尽美，企业在风险、成本、内部管理及盈利方面各有千秋，又各有不足。企业大多注重自身成本的控制，在内部管理方面正在加大投入，影响该类企业经营效率最大的因素是风险控制能力和盈利能力。我国的旅游酒店类企业，需要提高风险管理的意识，拓宽盈利渠道，避免恶性竞争和盲目扩张，在风险及盈利两方面加快变革步伐。

3.5　竞争风险的防范和解决措施

企业的竞争风险是客观存在的，因此企业管理者必须具备既敢冒风险，又不会轻易冒风险的态度，通过一系列措施来防止或减少风险，从而达到风险期望最大化。

3.5.1　重视战略管理

企业战略以维持企业的长期成长繁荣为根本，其方针措施是应对各种可能出现的问题为战略实施保驾护航。战略上的定位会直接决定企业竞争风险的大小，相当一部分企业在制定战略的时候，仅仅考虑了近几年的趋势，只考虑了小范围变动的风险，没有应有的危机意识，所以当危机来临时，企业没有战略应对，最终导致其在竞争中失败。战略管理的重要性不言而喻。

制定企业的发展战略，需要判断每一种情况下可能出现的风险。竞争力的方案是对可能发生的经营风险作出估计和做好充分的准备，及时吸收或化解计划发生的竞争风险。

战略规划应该是一个动态的过程，根据政治、经济和社会环境变化，竞争对手策略变化、优劣势的变化来及时调整企业的战略决策，以使企业能够长久地立于不败之地。

3.5.2　营造企业文化

企业文化实际是核心能力中的一个重要环节，企业文化一般包括价值标准、经营哲学、管理制度、思想教育、行为准则、道德规范、文化传统、共同信念、风俗习惯、礼仪形式和企业形象。企业文化是企业的一种精神力量，可以形成企业的凝聚力，增强企业员工的奋斗精神，鼓舞企业员工不断前进，增强企业抵御竞争风险的能力等。

3.5.3　动态管理竞争风险

正如前文所说，由于企业所处的竞争环境在时刻变化，企业所面临的竞争风险也在不断变化。因此，企业在经营中需要对竞争风险进行动态管理。

在制定战略时，企业可以实施实时性、动态性和多样性的竞争策略，这样才有可能使得企业在动态的博弈和竞争中取得优势，以降低企业的整体风险；企业也可以定期对其所面临的风险进行评估、建立企业动态风险处置的专门机构，站在行业全局的观点上来管控企业的风险，化不利因素为有利因素，在竞争中壮大自己、在竞争中发展自己；研究表明，建立企业风险发展基金也是企业开展竞争，预防风险的新手段和措施。

3.5.4　建立风险防范机制

建立风险防范机制的主要原则是以最小的成本获得最大的安全保障，同时还要考虑不同风险对象之间的区别和联系。

企业竞争风险的防范主要针对企业发展过程中面临着的技术竞争风险、市场竞争风险、资本竞争风险和人才竞争风险，具体防范措施如图 3-6 所示。

技术竞争风险防范：
1.自主开发，适时引进
2.开发方式灵活多样
3.经济效果与社会效果并重
4.知识产权保护

市场竞争风险防范：
1.加大市场推广力度
2.判断市场容量
3.调整产品价格
4.关注政策法规

资本竞争风险防范：
1.细分资金阶段需求
2.拓宽资金来源渠道
3.明确资金投放时期
4.合理使用资金

人才竞争风险防范：
1.人本管理
2.复合激励方式
3.知识管理
4.学习型组织

图 3-6　风险防范措施

3.6　竞争风险防范案例研究

本章详细分析了企业的竞争风险，对企业竞争风险的内涵、性质、分类以及产生原因等进行了细致的剖析，并总结了企业竞争力的分析维度，对企业竞争力的识别以及判断提出很多有意义的观点。在此基础上，本章又分析了企业竞争风险与企业竞争力之间的紧密联系，得出结论：一些风险虽然不能完全避免，但是企业可以通过发现自身竞争力的不足、提高自身核心竞争力以及企业的综合素质，最终做到有效提高企业应对各种竞争风险的能力，大幅度地降低企业的竞争风险。

本章的后半部分则分析了评价企业竞争力的标志性指标，提出了评价指标的选取方式，并分别介绍了用于评价企业竞争力的四种方法：数据包络分析、聚类分析、脸谱模型以及 TOPSIS 方法。不仅如此，本章还对这四种方法的应用进行了实证分析，并提出了一些防范竞争风险的关键举措。

本小节通过案例分析法，对公开的案例信息进行归纳总结，从而对一些知名企业的竞争风险防范做进一步的分析研究。

3.6.1　乐高集团案例

乐高集团（LEGO）成立于 1932 年，总部位于丹麦比隆，是一家家族企业，以其标志性的塑料拼插式积木玩具而闻名于世。乐高集团的产品覆盖从儿童到成人各个年龄段，其品牌影响力遍及全球。尽管乐高集团在全球玩具市场中占据重要地位，但其仍然面临着来自电子玩具和其他拼插玩具品牌的竞争风险。

乐高集团在面对激烈的市场竞争和不断变化的市场需求时，采取了相应的竞争风险管理策略。集团通过整合传统的 ERM（企业风险管理）框架，强化了对财务、运营和市场风险的识别与管理。乐高集团还引入了蒙特卡罗模拟等先进工具，以更准确地评估市场波动和财务风险。此外，乐高集团通过 AROP（主动风险和机会计划），确保在项目实施前进行全面的风险评估，从而提高决策的质量和效率。乐高集团的管理层还特别注重长期战略的灵活性和适应性，以应对市场的不确定性。

乐高集团主要的管理策略有以下几点。

① 产品创新和多样化。乐高集团不断推出新的产品和系列，以满足不同年龄段和兴趣的消费者需求。例如，集团通过推出"星球大战""漫威超级英雄"等系列，吸引了广泛的消费者群体。

② 不断强化品牌建设和营销策略。乐高集团投资于品牌建设和营销活动，增强其品牌形象和知名度。乐高集团还与电影、游戏等合作，将其产品与热门 IP 结合起来，提高消费者的兴趣。

③ 增强零售网络和顾客体验。乐高集团发展了强大的零售网络，并在店铺设计和顾客体验方面进行创新。乐高乐园和乐高商店提供了独特的购物和体验环境，增强消费者的品牌忠诚度。

④ 数学模型的应用。乐高集团充分使用市场趋势分析和消费者偏好模型来预测市场需求和消费者行为。这些模型可以考虑多个因素，如年龄、性别、地理位置等，以帮助乐高集团做出产品开发和营销策略的决策。此外，集团还使用竞争分析模型来评估竞争对手的市场份额和竞争力，以制定相应的竞争策略。

3.6.2　格力电器股份有限公司案例

格力电器股份有限公司（以下简称格力电器）成立于 1991 年，总部位于中国珠海，是一家专注于空调制造的大型企业，也是知名的空调制造商之一。格力电器的主要业务包括家电和新能源设备等。格力电器以其高品质的产品和创新技术在中国乃至全球市场上享有盛誉。格力电器虽然在中国市场占据重要地位，但也同样面临着来自国内外竞争对手的压力。

格力电器在竞争激烈的中国家电市场中，采取了多种战略分析工具来管理风险。公司运用 PEST 分析（宏观环境分析）、波特五力分析模型和 SWOT 分析

（态势分析）等工具，全面评估外部环境和内部能力，制定出有效的竞争策略。格力电器还特别注重从战略高度进行竞争风险管理，通过系统性地识别和评估可能影响战略目标实现的风险，公司能够制定出相应的风险缓解措施。格力电器的管理层不断评估风险管理的效果，并根据市场变化进行及时调整，确保公司在竞争中的领先地位。

格力电器主要的竞争风险管理策略为以下几点。

① 技术创新和研发投入。格力电器持续投入大量研发资金，推动产品创新和技术突破。格力电器通过自主研发的压缩机和控制系统等技术，提高了产品的能效和竞争力。

② 产品线拓展。格力电器不断拓展产品线，进入新的市场领域，如新能源设备等。通过多元化产品线，格力电器降低了对单一产品的依赖，提高了整体的市场竞争力。

③ 品牌建设和市场营销。格力电器通过强大的品牌建设和市场营销策略，增强消费者对其品牌的认可度和忠诚度。格力电器还通过赞助大型活动和体育赛事，提高其品牌形象和知名度。

④ 数学模型应用。格力电器使用需求预测模型和成本效益分析模型来评估产品创新和市场拓展的经济效益。这些模型可以考虑市场需求、成本和竞争等因素，以帮助格力电器做出产品开发和市场拓展的决策。此外，格力电器同样使用了竞争分析模型来评估竞争对手的市场地位和竞争力。

3.6.3　麦当劳公司案例

麦当劳公司（McDonald's）成立于1940年，是全球知名的快餐连锁品牌，以其标准化的菜单和便捷的服务而闻名。公司总部位于美国伊利诺伊州芝加哥，是全球最大的快餐连锁企业之一。然而，在企业成长过程中，麦当劳公司同样面临着来自其他快餐品牌和餐饮业的竞争风险。

麦当劳公司在面对全球化竞争和消费者需求多样化的挑战时，采取了以核心价值和服务为中心的风险管理策略。公司通过严格控制产品质量和服务标准，确保顾客在不同地点都能享受到一致的体验。麦当劳公司还非常注重品牌和营运管理，通过有效的品牌传播和高效的营运流程，提高市场竞争力。此外，麦当劳公司对员工的培训和发展给予了高度重视，通过建立全面的培训体系，确保员工具备提供高质量服务的能力，这也是麦当劳公司风险管理的重要组成部分。主要的管理策略有以下几点。

① 产品创新和多样化。麦当劳公司不断推出新产品和限定菜单，以吸引消费者并满足其不同的口味需求。例如，该公司推出了麦乐鸡、甜筒等新产品，以增加消费者的选择。

② 品牌形象和营销策略。麦当劳公司通过品牌形象更新和营销活动，实现其品牌年轻化和时尚化。麦当劳公司还与明星、网红合作，提高品牌的知名度和吸引力。

③ 数字化和技术创新。麦当劳公司投资于数字化和技术创新，如通过移动订单和自助点餐系统，以提高顾客体验和运营效率。

这些案例表明，无论是玩具制造业、家电制造业还是快餐连锁业，企业都需要根据自身的行业特性和市场环境，制定出相应的风险管理策略，以应对竞争带来的挑战和风险。

通过上面三个案例的研究，我们可以看到不同行业的企业是如何应对竞争风险的。乐高集团通过产品创新和多样化、品牌建设和营销策略来应对竞争风险；格力电器通过技术创新和研发投入、产品线拓展来应对竞争风险；麦当劳公司通过产品创新和多样化、品牌形象和营销策略、数字化和技术创新来应对竞争风险。这些案例提供了具体的竞争风险管理策略和实践，为其他企业提供了参考和借鉴。

3.6.4　小米科技案例

小米科技是一家中国智能手机制造商，以高性价比的智能手机产品在市场上迅速崛起。小米科技的主要业务是研发、生产和销售智能手机，其在中国乃至全球智能手机市场中占据重要位置。小米科技的产品特点是通过互联网渠道销售，减少中间环节，降低成本，以提供具有竞争力的价格。

随着智能手机市场的竞争加剧，小米科技面临着来自竞争对手的价格压力。为了应对各种竞争风险，小米科技采取了一系列措施，主要有以下几点。

① 供应链优化。小米科技通过与供应商建立长期合作关系，实现规模经济，降低采购成本，从而保持较低的产品价格。

② 产品差异化。小米科技除了提供性价比较高的产品外，还注重产品创新和差异化，如推出具有独特功能的新款手机，以吸引消费者，减少对价格的敏感度。

③ 品牌建设。小米科技投资于品牌建设，提升品牌形象和知名度，增强消费者对品牌的忠诚度，从而在一定程度上抵挡住竞争对手的价格冲击。

3.6.5　其他防范竞争风险的典型案例

国内外知名企业，为了保持基业长青，都在应对竞争风险方面持续发力。典型的一些案例如下。

① 苹果（Apple）。苹果通过不断创新和设计引人注目的产品，如 iPhone、iPad 和 MacBook，保持了其在高端消费电子市场的领导地位。同时，它通过高效的供应链管理和零售店体验，巩固了其品牌形象和客户忠诚度。

② 亚马逊（Amazon）。亚马逊通过其颠覆性的电子商务模型、云计算服务（AWS）和智能设备（如 Echo 和 Kindle），成功地实现了多领域扩展。它还通过其弗里蒙特中心（Fulfillment Centers）和 Prime 会员服务，提高了物流效率和客户满意度。

③ 微软（Microsoft）。微软通过其 Azure 云服务和 Office 365 成功转型，成功从主要依赖软件许可收入的公司转变为以订阅模式为主的云服务提供商。此外，微软还通过其 Surface 系列产品和 Xbox 游戏平台，扩大了其在消费电子产

品市场的影响力。

④ 阿里巴巴（Alibaba）。阿里巴巴凭借其在电子商务、云计算和数字支付领域的领先地位，成为头部的互联网公司之一。它还通过投资和收购策略，将业务扩展到物流、娱乐和其他服务领域。

⑤ 腾讯（Tencent）。腾讯凭借其即时通信工具 QQ 和微信，以及在游戏、数字广告和云计算领域的多元化业务，成为头部的互联网公司之一。它的成功在于能够适应不断变化的市场需求，并将其核心产品与新业务模式相结合。

⑥ 宝洁（Procter & Gamble，P&G）。宝洁凭借其强大的品牌组合、高效的供应链管理和创新的营销策略，保持了其在快消行业的领先地位。它还通过可持续发展计划和社会责任活动，提升了其品牌形象。

⑦ 宜家（IKEA）。宜家通过提供低成本、易于组装的家具产品，以及独特的购物体验和可持续性承诺，成为全球最大的家具零售商。

上述这些案例表明，成功的企业为了建立竞争风险的防范壁垒，通常具备以下共同特点：持续的创新能力，能够不断推出新产品和技术；对消费者需求的深刻理解，能够提供满足这些需求的产品和服务；强大的品牌和市场定位，能够建立客户忠诚度和品牌识别度；高效的运营和供应链管理，能够提高成本效益和客户满意度；适应性强，能够快速响应市场变化和外部挑战；具备战略性投资和收购能力，能够扩展业务范围和增强竞争力。

此外，这些案例也揭示了成功企业应对竞争风险的普遍做法，主要包括以下几个方面。

① 密切关注市场动态和消费者行为。研究市场动态和消费者行为的变化，以预测和适应不断变化的市场需求。这包括对消费者偏好、购买习惯和市场趋势的深入分析。

② 注重技术创新和知识产权保护。研究和跟踪最新的技术创新，并探讨如何利用这些技术来获得竞争优势。同时，研究知识产权保护的策略，以保护企业的创新成果和核心竞争力。

③ 善于预测政策和法规变动对企业的影响。随时分析和预测政府政策和国

际法规的变化，以了解它们对企业运营和竞争环境的影响。这包括对贸易政策、税收法规、环保法规和行业标准的关注。

④ 注重建设企业文化和提高组织效能。研究企业文化和组织结构对竞争风险的影响，以及如何通过建立积极的企业文化和提高组织效能来降低风险。

⑤ 注重数据安全和隐私保护。这是前沿性的关注点。随着数据成为企业的重要资产，成功企业都在研究如何保护这些数据的安全和隐私，以防止数据泄露和滥用。

⑥ 注重企业的可持续发展和企业社会责任。成功企业普遍注重研究如何在追求经济利益的同时，实现可持续发展并履行企业社会责任，以减少环境和社会风险。

⑦ 注重跨界合作和生态系统建设。寻求与其他行业或企业的跨界合作机会，以构建更广泛的生态系统，提高竞争力和创新能力。

⑧ 与时俱进，积极拥抱人工智能和机器学习。研究如何利用人工智能和机器学习技术来提高决策效率、优化运营流程和增强客户体验。

成功企业的这些措施，能非常有效地帮助企业更好地识别、评估和管理竞争风险，从而适应不断变化的商业环境并保持其竞争力。

第四章

企业投资风险管理方法与措施

企业进行投资主要是为了获得投资收益，实现资金的保值增值。但是在投资过程中，由于未来的无法预知，存在着投资亏损的可能，因此，风险管理已经成为公司治理架构中重要的组成部分。如何防范企业的投资风险，使得投资资金或资产实现保值盈利是一个重要的议题。金融危机中许多投资银行破产亏损，许多企业由于投资风险失控而倒闭，等等，这些事实让企业更加清醒地意识到，投资风险管理对于企业的重要性。

企业投资风险是指企业因自身和环境条件的不确定性而引起企业投资风险收益与非风险收益间发生偏离的可能性。投资风险通常可分为系统风险与非系统风险。系统风险是指经济体系中一些宏观经济指标的变动引起的对所有企业都会产生影响的风险，它具有难以分散、难以规避的特点。非系统性风险只对个别企业产生影响，往往产生于企业本身的某些因素。

4.1 投资风险形成的原因

4.1.1 客观因素造成的风险

客观地说，企业投资风险来自多个方面，既有客观的也有主观的，对于不同的企业，不同的投资项目有不同的风险侧重。

分析企业投资风险的原因，也就是识别投资风险的影响因素，是指在企业周围复杂的宏观、微观风险环境和内部经营环境中分析出可能给企业投资造成损失的风险因素。

（1）利率和汇率

几乎所有企业都会受到利率和汇率的影响，特别是需要产品出口或者是原材料进口的企业，对汇率的变动尤为敏感，即使是并不涉及这两个环节的企业也会或多或少作为供应链的中间环节受到影响。在如今开放的经济环境中，没有行业能够完全只受国内市场左右。当汇率下降，外币贬值，一般来说企业的投资收益率会下降，等值的外币兑换成人民币的数额将减少，减少企业的投资收益甚至造成损失。而利率的上升会导致企业收益能力下降，进而影响收益，产生风险。当汇率上升，利率下降则有可能会朝着相反方向发展。汇率与利率风险的客观存在，提醒投资者必须对汇率和利率的变动做出长期、中期、短期的合理预期，并采取预防措施，防止两者特别是汇率的重大变动。

（2）通货膨胀

通货膨胀对企业的直接影响是使得企业的购买力下降。如果通货膨胀的速度比较快，厂家从进货、生产到出售，最终获得的货币的实际购买力可能不及付出的成本，同等价值的购买力降低。这会对投资产生较大的影响。

防范通货膨胀所带来的投资风险的前提是分清名义投资收益率与实际投资收益率之间的关系，通常情况下：

$$实际投资收益率 = \frac{1+名义投资收益率}{1+通货膨胀率} - 1$$

企业应将更多的精力放在所投资项目的实际投资收益率，而不是名义投资收益率，监督实际投资收益率的变动有助于投资者降低投资风险。

（3）证券价值

证券价值的波动也会对投资行为产生影响，经济上的变化会改变投资者对证券价格的预期，进而对证券市场的供需关系产生影响，影响证券价值，致使投资者的投资收益发生变动。对于证券真实价值的理解和分析将有助于企业增强对证券市场的警惕性。

（4）政治环境的变动

政治环境的变动包括政府机构改革和相关政策的变动，企业做投资决策时必须密切关注政治环境的变动，很可能政策变动对企业的投资乃至生存发展的影响是致命的。政策环境的变动有激烈变动和渐进变动之分。政策，特别是行业政策的变动以渐进式为主，企业需要对国家、地方政策有一定的研究，明确行业发展趋势，对于可能的政策变动提高预见性，并积极地采取应对措施。如果能够快政策一步则很可能抢占行业高地，有利于提高企业的投资回报率。

（5）同行业之间的竞争

如果投资的预期收益率较高，则会吸引更多的企业进入市场进行同类的投资，导致收益率下降，产生风险。同行业间的竞争是一个不可避免的话题，特别是在一些发展比较成熟的领域，竞争尤为激烈。蓝海终会变成红海，能够领先对手发现蓝海，并且在其成为红海之前先一步全身而退的策略是上上之策。如何在竞争中保持优势，使自己在同行业中脱颖而出的两个主要策略为：① 持续的技术创新和管理创新；② 敏锐的行业嗅觉，先发制人做出进入和退出策略。通常情况下，第二种策略并不适合有一定规模的企业。

（6）法律事务

企业在进行投资决策时必须密切关注法律事务的规定，并尽可能对法律事务可能产生的变动有所准备。

另外，法律法规的健全程度也会在一定程度上影响投资的风险程度。例如，在一个法律法规不甚健全的环境下，企业在投资失败后的维权成本会比较高，在项目投资过程中不可控的因素也将增多，这些均在无形中增加了被投资项目的风险。

（7）国内投资热点和动向

在投资之前需正确判断国内投资的热点和动向，若投资夕阳产业或竞争过于激烈的产品和行业，都会使得投资的风险增加。

（8）投资环境

投资环境对于投资风险的影响是不可低估的，健全的投资环境将会吸引更多的投资项目，项目本身的投资风险也会因为大环境的影响而降低。通常情况下，投资环境的不成熟或者不健全，一般都是由两种因素引起的：一是投资市场的参与主体不成熟，参与主体投资行为的不成熟，使得投资不依据市场规律来进行，大大增加了投资市场的波动性，市场波动性增加了企业的风险；二是市场机制不完善，其直接结果是市场上的产品、金融工具等相对缺乏，或者说一部分产品和市场工具不能发挥其设计时的作用，从而导致在危机发生、风险加大时，市场缺乏有效的工具和产品分散风险、减少损失，潜在的投资风险管理难度增加了企业投资的风险。

4.1.2　主观因素造成的风险

（1）管理层面上的混乱

主要包括前期准备工作不充分，投资项目的资金预算与实际有较大不符，这些情况会使得投资项目在进行过程中遇到不必要的问题，影响投资产生的收益，进而产生投资风险。管理混乱的问题普遍存在于企业投资行为之中，由于很多企业的投资评估流于形式，所以很多投资项目自它立项之初就充满了风险。所以，对于规范投资项目立项、评估等环节，管理上应具有连续性和科学性，能够从一开始就将投资项目的风险控制在一定范围内。

（2）投资盲目，决策失误

主要包括典型的"拍脑袋"决策，项目开始之前调查不深入，掌握的情报不符合实际情况，对投资产品的市场成熟度判断失误，对技术发展的预测失误，以及在企业发展到一定规模时盲目扩张。决策失误所产生的风险在投资风险中占有很大的比重，据调查，在民营企业较发达的温州，65.4％的民营企业有过重大决策失败的经历。温州民营企业投资失败原因前两位分别是：投资决策草率、收益判断不准确。

（3）企业资金周转速度不高及运营状况差

如果企业的资金周转速度不高，运营状况较差的话，投资项目微小的变动都可能会引起财务危机，进而导致投资风险的激增。近几年，越来越多的学者开始用现金流等指标取代以往的盈利率等评价指标，这在一定程度上凸显了资金周转速度在目前企业经营中的重要性。合理控制企业的扩张速度，适当地进行不良资产的剥离，会间接降低企业的投资风险，另外也能确保项目的持续性和稳定性。

（4）投资的建设期延长

这类情况主要存在于生产性投资项目中，资金的不足、在建设过程中组织协调上的问题，导致建设期延长，贻误市场先机，进而导致投资风险的增加。

（5）被投资方的经营不善

被投资方的经营产生亏损，则投资方的投资也会受到损失，这类问题的产生要求投资方在投资前，必须对被投资方和市场前景做好预测和估计。

被投资方与投资方存在着明显的委托代理关系，投资方委托被投资方利用其投资进行生产经营，以期收回投资并得到盈利；从被投资方的角度而言，它关注的恰恰是自身利益的最大化，而不是投资价值的最大化。双方存在信息不对称，因为通常情况下投资方不能观测到被投资方的行动选择，或者说不能完全观测到，而只能看到被投资方的经营成果。通常投资方也是通过经营成果判断被投资方的努力水平，但是经营成果在现实情况中不仅依赖于被投资方的努力经营，也在一定程度上依赖于客观环境，包括金融危机、政策调整、汇率利率调整等因素。这就产生了所谓的"道德风险"，投资的回报率与被投资方的努力并没有必然直接的联系。

为了解决这一问题，我们采用"锦标制度"，意在让各投资方在近乎相同的外部环境下，根据被投资方的经营水平高低来确定投资所得，而不是根据其最终经营结果来确定其所得。

假定投资在公司内部进行，比如投资给公司的一个项目组，被投资方的收益将根据投资经营结果确定。经营结果高于行业平均水平的设为 $\rho=1$，低于行业平均水平的设为 $\rho=0$。被投资方在经营投资时有两种选择：一是不努力经营，

这样有 p 的概率能够取得 $\rho=1$，有 $1-p$ 的概率取得 $\rho=0$；二是努力经营，这样有 $(1-p)^2$ 的概率取得 $\rho=0$，有 $1-(1-p)^2$ 的概率获得 $\rho=1$。调查的成本为 F。投资方不能观测到被投资方是否努力工作，而只能观察到最终的结果，所以，投资方依据经营结果给定被投资方收益。当投资回报较好即 $\rho=1$ 时，被投资方收益为 W_1，当投资回报较差时即 $\rho=0$ 时，被投资方的收益为 W_2。在不努力情况下被投资方的效用为 $\ln W$，在努力情况下被投资方的效用为 $\ln W-F$，同时，如果被投资方不接受投资时的保留效用为 $\ln \overline{W}$。

如果投资方期望被投资方努力工作，则设计的合同必须满足自选择约束和参与约束。

$$\begin{cases} \text{U（不接受投资）} \leqslant \text{U（努力）} \longrightarrow \text{参与约束} \\ \text{U（不努力）} \leqslant \text{U（努力）} \longrightarrow \text{自选择约束} \end{cases}$$

自选择约束期望展开式为：

$$p\ln W_1 + (1-p)\ln W_2 \leqslant \left[1-(1-p)^2\right]\ln W_1 + (1-p)^2 \ln W_2 - F$$

出于利益因素的考虑，投资方期望尽可能减少对被投资方的补偿，所以，自选择约束为紧约束，上式可以变为等式，故上式化简为：

$$(1-p)p\ln \frac{W_1}{W_2} = F$$

参与约束的期望展开式为：

$$\ln \overline{W} \leqslant \left[1-(1-p)^2\right]\ln W_1 + (1-p)^2 \ln W_2 - F$$

同样，投资方也期望减少对被投资方的补偿，所以，该参与约束为紧约束，上式可以变为等式：

$$\ln \overline{W} = \left[1-(1-p)^2\right]\ln W_1 + (1-p)^2 \ln W_2 - F$$

由两个约束可得：

$$\begin{cases} W_1 = \overline{W}e^{F/p} \\ W_2 = \overline{W}e^{-F/(1-p)} \end{cases}$$

投资方的预期支出为：

$$\left[1-(1-p)^2\right]\bar{W}\mathrm{e}^{F/p}+(1-p)^2\bar{W}\mathrm{e}^{-F/(1-p)}$$

在这种合同约束中，W_1 总是大于 W_2，从被投资方的角度看，这份合同对努力经营有正向的激励作用；从投资方的角度看，它可以根据预期成功概率 p 的大小来判断是否让被投资方努力工作。例如，在 p 较小时（遭遇金融危机、政策调整等等），虽然 W_1 远大于 W_2，但是由于预期支出太高，投资方可能不会要求被投资方努力经营；当 p 较大时（所投资项目较易获得成功、经济环境很好等情况），预期支出相对合理，投资方可以采取项目分红的方式进一步鼓励被投资方努力经营。

如果在一个充满竞争的市场，被投资方遭遇的竞争比较激烈，往往是生存层面的竞争，这时投资方可以通过选择其他被投资方的威胁来提高被投资方效率。

4.2 风险的测度

任何以获取收益为目的的投资都会有风险存在，而且风险和收益是成正比的，风险越大收益也越大。市场经济条件下，收益等同时，企业自然选择风险较小的投资项目。风险的测度就是要测出风险的大小或相对大小，进而做出投资判断。本书提出了几种对投资风险进行测度的定量化方法，以供企业选取投资项目时采纳。

4.2.1 投资报酬变异系数法

投资风险大小可采用投资组合的标准差来衡量，在一些投资项目预期回报率相等的情况下，标准差大的投资项目，风险也大。但要正确比较分析不同回报率的投资项目的风险程度，应采用变异系数来度量，投资项目的变异系数越大，投资的风险也就越大。

$$E(x_p) = \sum_{i=1}^{m} p_i E(x_i)$$

$$\sigma(x_p) = \sqrt{\sum_{i=1}^{m} p_i^2 \sigma_{x_i}^2 + \sum_{i=1}^{m}\sum_{j=1}^{m} p_i p_j \sigma_{x_i} \sigma_{x_j} \rho_{ij}}$$

$$= \sqrt{\sum_{i=1}^{m}\sum_{j=1}^{m} p_i p_j \sigma_{x_i} \sigma_{x_j} \rho_{ij}}$$

$$V_\sigma(x_p) = \frac{\sigma(x_p)}{E(x_p)} \times 100\%$$

式中，m 为投资的项目总数；p_i 为第 i 个项目占总投资的比例；$E(x_p)$ 为 m 个项目的总的期望值；$E(x_i)$ 为第 i 个项目的期望值；$\sigma(x_p)$ 为 m 个项目的总的标准差；ρ_{ij} 为项目 i 与 j 的相关系数；σ_{x_i}、σ_{x_j} 为项目 i 与 j 的标准差；$V_\sigma(x_p)$ 为 m 个项目的总标准差系数。

4.2.2 模糊综合估计法

模糊综合估计法首先将风险因素分为若干个指标，比如市场风险、经营管理风险、技术开发风险、研究开发风险、宏观环境风险等。再对各个指标进行评分，并确定风险等级。如果指标为定性指标，不易取得具体数据，可采用市场调查或专家意见等方法对定性指标确定一个数据。

投资报酬变异系数法在风险要素的变动呈线性时，衡量效果很好，但在风险要素的变动为非线性时，就不太准确了。模糊综合估计法就没有上述缺点，但其指标分类不够严密，一般只计算了主要指标，且指标的取值、权重的确定对投资项目的风险特征依赖性很大。

4.2.3 基于BP神经网络的投资风险测度

基于 BP 神经网络的企业投资风险测度，主要是从非线性的角度而不是从传统的统计角度来解决风险的测度问题。

（1）人工神经网络

人工神经网络主要是由大量与自然神经细胞类似的人工神经元互联而成的网络，它的工作原理大致模拟人脑的工作原理，对此进行了深入的学习有助于更好地解决问题。

人工神经网络是模仿生物神经网络功能的一种经验模型，根据输入的信息建立神经元，通过学习规则或是自组织等过程建立相应的非线性数学模型，并不断进行修正，使输出结果与实际值之间的差距不断缩小。因此，将实际问题特征参数输入人工神经网络后，神经网络输出端就能给出解决问题的结果。

神经网络的特点是神经网络将信息或知识分布储存在大量的神经元或整个系统中。它具有全联接神经网络的特征，具有高速运算能力、很强的适应能力，以及自学习、自组织的潜力。它以学习和培训提供的历史数据为基础，找出输入和输出之间的内在联系，由此获得解决问题的方法。此外，它还具有强容错性，即使部分节点不参与工作，也不会对整个系统的性能产生很大的影响。

（2）BP神经网络

人工神经网络有很多种算法，反向传播神经网络即BP神经网络，是应用最广泛的网络之一。

BP神经网络是一种具有三个或三个以上层次的结构网络，相邻上、下层之间各神经元实现全连接，即下层的每个神经元与上层的每个神经元都实现全连接，而每层各神经元之间无连接。从另一个角度看，BP算法不仅有输入层节点、输出层节点，还可有1个或多个隐藏层节点，如图4-1所示。

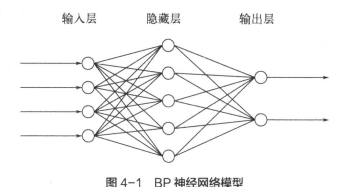

图4-1　BP神经网络模型

对于 BP 神经网络模型的输入层神经元，其输入与输出一样，中间隐藏层和输出层的神经元的操作规则如下。

$$Y_{kj} = f\left(\sum_{i=1}^{n} W_{(k-1)i,kj} Y_{(k-1)i} \right)$$

其中，$Y_{(k-1)i}$ 是 $k-1$ 层第 i 个神经元的输出，也是第 k 层神经元的输入；$W_{(k-1)i,kj}$ 是 $k-1$ 层第 i 个神经元与 k 层第 j 个神经元的连接权值；Y_{kj} 是 k 层第 j 个神经元的输出，也是第 $k+1$ 层神经元的输入；函数 f 是 Sigmoid 函数。$F(\mu) = 1/(1+e^{-\mu})$。

可见，BP 神经网络的基本处理单元（输入层除外）为非线性的输入—输出关系。处理单元的输入、输出值可连续变化。

（3）基于BP神经网络的综合评价方法的步骤

① 确定评价集和 BP 网络的结构：定义评价集，即所有待评价对象或项目的集合；确定 BP 神经网络的结构，包括输入层、隐藏层（可有可无）和输出层；确定输入节点的数量，这通常取决于评价指标的数量。

② 构建 BP 网络层结构：构建一个通常包含输入层、至少一个隐藏层和一个输出层的三层网络模型结构；隐藏层的数量和每个隐藏层的神经元数量通常需要通过实验确定。

③ 明确评价结果：确定输出层节点的数量，通常为 1，代表评价结果的单一指标。

④ 数据标准化：对评价指标数据进行标准化处理，以保证它们在相同的尺度上，便于网络学习。

⑤ 初始化网络参数：初始化网络节点的权重和阈值，通常使用随机数，范围可以是 [0,1]。

⑥ 输入样本和目标输出：将标准化的输入指标值输入网络；提供每个输入样本的目标输出，即期望的评价结果。

⑦ 向前传播计算：通过网络进行前向传播，计算每个节点的输出值，直至

到达输出层。

⑧ 计算误差：在输出层计算实际输出值与目标输出值之间的误差。

⑨ 反向传播和学习：利用反向传播算法调整网络权重，以减小误差；通过比较当前误差与预设的拟合误差，决定是否结束训练。

⑩ 训练网络：如果误差小于预设的阈值，网络训练结束，可以使用训练后的权重进行正式的评价；如果误差大于阈值，则重复步骤⑦至步骤⑨，继续训练网络，直至满足误差要求。BP神经网络的训练过程可能需要多次迭代，且网络的设计（如隐藏层的数量和大小）和训练参数（如学习率、迭代次数等）都会影响训练的效果。

4.2.4　基于AHP与BP神经网络的企业投资风险的数值模拟

AHP（层次分析法）是一种用于复杂决策问题的结构化技术。它通过将问题分解为不同的层次和元素，然后通过成对比较和权重分配来评估这些元素的重要性。AHP的作用主要在于以下几点。

① 问题分解：将复杂的问题分解为更小、更易于管理的组成部分，从而使问题清晰化。

② 决策结构化：通过构建层次结构，将决策问题具体化为目标、准则和方案等层次，使决策过程更加条理化。

③ 成对比较：在各个层次上对元素进行成对比较，以确定它们之间的相对重要性。

④ 权重分配：根据成对比较的结果，计算各元素的权重，反映它们在决策过程中的重要性。

⑤ 一致性检验：评估成对比较的一致性程度，以确保判断的合理性。

AHP的具体步骤如下。

步骤1：确定问题和建立层次结构。定义决策问题，明确决策的目标；建立层次结构，通常包括最高层（目标）、中间层（准则或标准）、最低层（备选方案）。

步骤2：进行成对比较和判断。在每一层上对相邻元素进行成对比较，根据预定的标度给出相对重要性评分。通常使用1～9的标度进行评分，1表示两个元素同等重要，9表示一个元素比另一个元素更重要。

步骤3：构建成对比较矩阵。对每一层上的成对比较结果进行汇总，形成成对比较矩阵。成对比较矩阵的计算通常涉及将各个元素的评分进行平均，得到每个元素的相对权重。

步骤4：计算权重和一致性比率。通过求解成对比较矩阵的最大特征值和对应的特征向量，得到各元素的权重。计算一致性指标CI和一致性比率CR，进行一致性检验。如果CR小于0.1，则认为成对比较具有满意的一致性。

步骤5：做出决策。根据各元素的权重，对备选方案进行排序，选择权重最高的方案作为最优解。

AHP适用于那些难以量化分析的决策问题，它提供了一种定性和定量相结合的决策分析方法。然而，AHP也存在一些局限性，比如对决策者的主观判断依赖较大，一致性检验可能难以确保判断的绝对合理性等。在使用AHP时，需要谨慎处理这些问题，确保分析结果的准确性和可靠性。

在对企业投资的项目进行风险评价时，通常采用专家鉴定的方法。对投资项目进行风险评价时往往需要组织大量的专家才能保证评价的效果，但是在实际操作中，这常常是办不到的。所以，可以运用BP神经网络模拟专家评价。利用BP神经网络进行风险评价的基本思想是先用权威性的评价结果作为神经网络的输入及输出，对网络进行训练，直到神经网络训练精度达到既定要求。训练好的神经网络只需要专家对某一项目给出各风险的指标值，该神经网络即可给出项目的投资风险综合评价。

（1）确定评价指标及其权重

假设，现在某企业要对投资项目进行风险评价，我们主要考虑如下几个风险因素：汇率与利率风险$F1$，政治环境变动风险$F2$，通货膨胀风险$F3$，被投资方

的经营风险 $F4$，市场风险 $F5$，资金周转风险 $F6$，决策科学化风险 $F7$，如图 4-2 所示。

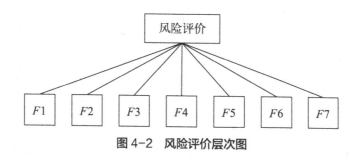

图 4-2　风险评价层次图

利用层次分析法，可得出各风险在衡量总体风险时所占的比重。下面利用该方法来确定这 7 个风险因素之间的权重比例，其判断矩阵见表 4-1。

表 4-1　7 个风险因素对总目标的判断矩阵

	$F1$	$F2$	$F3$	$F4$	$F5$	$F6$	$F7$	权重
$F1$	1	1/4	1/3	1/3	1/2	1/2	1/3	0.06
$F2$	4	1	1	2	4	2	2	0.26
$F3$	3	1	1	1/2	2	1	1/2	0.14
$F4$	3	1/2	2	1	2	1	1/2	0.15
$F5$	2	1/4	1/2	1/2	1	1	1/2	0.09
$F6$	2	1/2	1	1	1	1/4	1	0.11
$F7$	3	1/2	2	2	2	1	1	0.19

（2）由专家对企业面临的投资风险进行打分

风险的评价通常采用专家鉴定的方法，由专家给出各评价数据。这里假设，专家打分的范围为 0 到 1。各评分对应的风险程度如下：

[0，0.2] 风险高；（0.2，0.4] 风险高；（0.4，0.6] 风险一般；（0.6，0.8] 风险低；（0.8，1] 风险低。

专家的赋值可以由德尔菲法获得。当然，还需要指出的是，对于风险程度的取值和归纳，还取决于决策者的风险偏好，风险偏好不同，对投资风险的判断也就不同。本例中给定专家打分数据如表 4-2 所示。

表 4-2 专家打分数据表

项目	F1	F2	F3	F4	F5	F6	F7	得分
权重	0.06	0.26	0.14	0.15	0.09	0.11	0.19	
1	0.58	0.81	0.47	0.84	0.06	0.58	0.57	0.61
2	0.96	0.83	0.30	0.28	0.02	0.41	1.00	0.60
3	0.42	0.59	0.75	0.50	0.45	0.42	0.99	0.63
4	0.62	0.87	0.89	0.37	0.86	0.97	0.98	0.81
5	0.38	0.83	0.89	0.45	0.26	0.96	0.22	0.60
6	0.57	0.74	0.46	0.56	0.48	0.42	0.49	0.56
7	0.86	0.80	0.28	0.55	0.72	0.92	0.53	0.65
8	0.01	0.71	0.81	0.33	0.55	0.85	0.51	0.59
9	0.82	0.31	0.89	0.97	0.03	0.15	0.53	0.52
10	0.79	0.00	0.82	0.62	0.43	0.93	0.73	0.54
11	0.95	0.85	0.29	0.73	0.92	0.35	0.26	0.60
12	0.31	0.55	0.16	0.08	0.50	0.40	0.40	0.36
13	0.80	0.79	0.24	0.90	0.19	0.13	0.61	0.57
14	0.58	0.57	0.64	0.53	0.72	0.61	0.23	0.53
15	0.11	0.14	0.30	0.13	0.10	0.00	0.14	0.14
16	0.31	0.21	0.37	0.96	0.14	0.99	0.70	0.52
17	0.43	0.37	0.55	0.46	0.83	0.25	0.84	0.53
18	0.51	0.33	0.60	0.38	0.16	0.54	0.72	0.47
19	0.21	0.44	0.40	0.31	0.81	0.36	0.09	0.36
20	0.77	0.21	0.15	0.70	0.18	0.44	0.31	0.35
21	0.45	0.02	0.93	0.67	0.95	0.27	0.78	0.53

由于是专家评分，所以量纲一致，而且都在 0 到 1 之间，所以，对评估的原始数据表不需要做其他处理。得分可以通过对专家打分进行加权平均求得。

（3）利用 Matlab 进行训练

取前 16 组数据进行训练，后 5 组数据进行测试。学习精度为 $\varepsilon = 0.0001$，训练次数为 100 次。

对应上表建立一个 7 个输入节点，10 个隐藏节点和一个输出节点的 BP 神经网络。根据输入、输出数据对网络进行训练，当网络的误差小于收敛误差时运算停止，并保存网络的权值。

本书在各层间采用的传递函数为 S 型函数：$F(\mu) = 1/(1 + e^{-\mu})$，因为其具有完成分类的非线性特征，又具有实现误差计算所需要的可微性，而且比较接近于人工神经元的输入 - 输出特点。其网络结构示意图如图 4-3 所示。

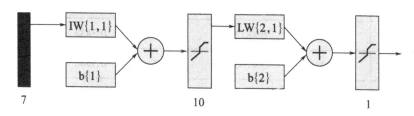

图 4-3　网络结构示意图

前 16 组数据的训练结果如表 4-3 所示。

表 4-3　训练结果表

序号	1	2	3	4	5	6	7	8
训练结果	0.6103	0.5908	0.6314	0.8088	0.5902	0.5537	0.6471	0.6001
期望输出	0.610	0.6000	0.630	0.8100	0.6000	0.5600	0.650	0.5900
相对误差	0.05%	1.53%	0.22%	0.15%	1.63%	1.13%	0.45%	1.71%
训练风险程度	风险低	风险一般	风险低	风险很低	风险一般	风险一般	风险低	风险一般
期望风险程度	风险低	风险一般	风险低	风险很低	风险一般	风险一般	风险低	风险一般
序号	9	10	11	12	13	14	15	16
训练结果	0.5101	0.5531	0.5921	0.3503	0.5821	0.534	0.1432	0.5333
期望输出	0.5200	0.5400	0.600	0.3600	0.5700	0.5300	0.1400	0.5200
相对误差	1.90%	2.43%	1.32%	2.69%	2.12%	0.75%	2.29%	2.56%
训练风险程度	风险一般	风险一般	风险一般	风险高	风险一般	风险一般	风险很高	风险一般
期望风险程度	风险一般	风险一般	风险一般	风险高	风险一般	风险一般	风险很高	风险一般

从表 4-3 中可以看到，利用神经网络得到的输出值与期望输出值之间的最大误差为 2.69%，在可接受的范围之内。也就是说，神经网络训练的结果与专家的期望值较为接近，训练效果比较好。

最后再将后五组测试数据输入已经训练好的神经网络，测试结果见表 4-4。

表 4-4　测试结果表

序号	17	18	19	20	21
训练结果	0.5327	0.4812	0.3501	0.3432	0.5372
期望输出	0.5300	0.4700	0.3600	0.3500	0.5300
相对误差	0.51%	2.38%	2.75%	1.94%	1.36%
训练风险程度	风险一般	风险一般	风险高	风险高	风险一般
期望风险程度	风险一般	风险一般	风险高	风险高	风险一般

从表 4-4 可以看到，神经网络得到的输出值与期望输出值之间的最大误差为 2.75%，对于风险程度的分类，训练结果与期望结果基本一致，说明该神经网络的训练效果良好。

这样，在需要对投资对象的投资风险进行评价时，就可以利用已经训练好的网络，邀请专家对拟评价项目进行权重分析，计算得分，代入已经训练好的神经网络，神经网络就可以输出相应结果，得出该项目的风险程度。

影响企业投资风险的因素很多，在某些情况下可能还比较复杂，这就导致了评价的困难性。基于 AHP 与 BP 神经网络的多目标综合评价方法通过神经网络的自学习、自组织适应能力和强容错性，能准确地按照专家的评定方法进行工作。训练好的神经网络系统就是把专家评价思想以连接权的方式赋予网络上。这样，该网络系统不仅可以模拟专家对企业投资项目风险进行测度，还能在一定程度上避免测度过程中的人为失误。

4.3　投资项目的评价与选择

　　企业为了保证自身的稳定和发展，自然会面临在多个备选投资项目中做选择的情况。而在选择过程中不仅要考虑盈利目标，还要考虑投资的风险。为了科学地、客观地评价和选择投资项目，企业就应选定合适的定量评价方法。本书在已有研究方法的基础上进行了总结和补充，重点介绍了利用层次分析法与数据包络分析法的集成进行投资项目评价的过程。

4.3.1　相对经济效果选优法

　　相对经济效果选优法的主要思想是舍弃项目方案的相同部分，通过对不同部分经济效益的计算比较，实现项目的选优，如差额净现值法、差额投资收益率法等。该法主要用于项目之间存在差异的情况，如投资额不同的项目选择。

4.3.2　全部经济效果选优法

　　全部经济效果选优法也被称为总效益法，主要是根据各项目方案计算期内的现金流量，确定其全部经济效益以达到项目选优目的，如投资收益率法、净现值法、内部收益率法等。该法一般用于完全独立的众多项目之间的比较，或某一项目中众多可行方案的选优。

4.3.3　风险程度大小选优法

　　风险程度大小选优法是根据项目的风险性大小、抗风险程度以及风险报酬大小来实现项目选优。主要方法有：主观概率法（如贝叶斯分析法）、客观概率法（如蒙特卡罗模拟法）、盈亏分析法、标准差分析等。

4.3.4 数学模型选优法

在投资项目的评价与选择过程中，数学模型选优法是一种强大的方法，它可以帮助决策者通过定量分析来确定最佳的投资方案。这种方法通常涉及构建数学模型，以经济性、效率和可行性等为目标，通过最大化收益或最小化成本来优化资源分配。以下是投资项目评价中常用的几种数学模型。

① 线性规划模型：适用于决策变量为连续变量的情况，可以有效处理单一目标函数和一系列线性约束条件，帮助确定资源分配的最佳方案，以实现利润最大化或成本最小化。

② 整数规划模型：当决策变量必须是整数时使用，如项目数量或设备数量的选择。这种模型包括 0-1 整数规划模型，适用于项目选择问题，其中项目要么被选中，要么不被选中。

③ 混合整数规划模型：结合了整数变量和连续变量，适用于实际情况中既需要整数变量又需要连续变量的问题。例如，决定生产线的规模和数量。

④ 目标规划模型：当存在多个相互冲突的目标时，可以通过构建多目标规划模型来寻求最佳妥协解。这有助于在不同的目标之间找到平衡，如收益和风险之间的权衡。

⑤ 数据包络分析（DEA）模型：用于评估决策单元的相对效率，无须事先确定生产函数的形式。DEA 模型可以帮助识别在相同投入下产出最高的项目或流程。

通过这些数学模型，可以对备选投资项目进行详细的经济效益分析，比较不同项目的成本、收益、风险等因素，从而为项目组和项目的评价与选择提供科学的依据。这种方法有助于优化生产经营状态，提高决策的准确性和有效性。

4.3.5 层次分析法与数据包络分析法的集成

在评估企业投资风险，选择企业投资项目的时候还可以选用这样一种方法，它是层次分析法与数据包络分析法的集成。

在对实际问题的科学评价过程中，层次分析法和数据包络分析法是较为常用的两种评价方法。经过国内外专家学者的研究和发展，这两种方法在独立处理评价问题时已经较为成熟，但也存在各自的优势和不足。

层次分析法首先通过客观事物间相互比较，构造判断矩阵进行相关评价分析和排序，这种方法的优势是较为简便，成功解决了多目标问题的复杂排序问题，因此在一定时期内被广泛应用于评价过程中。但由于层次分析法（AHP）在进行比较和构造判断矩阵的过程中，主观判断起到了决定性的作用，专家的判断会掺杂个人偏好、知识结构和专业水平等主观因素，从而导致误差的产生。

数据包络分析方法同层次分析法相比，是通过客观的输入和输出指标来进行评价和判断，有效地摒除了主观因素对评价过程的影响，具有良好的客观性。但数据包络分析的评价结果并不一定完全有效，在评价过程中并不能够保证所有的客观指标都能得到有效的评价。因此在某些情况下并不能够达到良好的评价效果。

因此在评价过程中，可以将这两种成熟的评价方法相结合，集合两种评价方法的优势，使得评价过程既能满足评价的客观性，又能得到良好的评价结果。这种综合评价方法的思路是引入加权主客观偏好系数，并结合层次分析法和数据包络分析方法求得权重，进而进行综合测评。这种评价方法具有良好的未来发展和应用前景，下面进行详细阐述。

（1）层次分析法与数据包络分析法的集成评价原理

① 运用层次分析法确定准则权重。考虑 m 个评价准则，记 $j = \{1, 2, \cdots, m\}$ 为下标集合，将准则两两比较得到判断矩阵 $A = (a_{ij})_{m \times n}$，$A$ 导出的归一化权重 $\overline{w}$ 由 $A\overline{w} = \lambda_{\max}(A\overline{w})$ 求解，$\overline{w} = (\overline{w}_1, \cdots, \overline{w}_n)^{\mathrm{T}}$，其中 $\lambda_{\max}(A)$ 为 A 的主特征值。

A 的一致性比例 $CR(A) = [\lambda_{\max}(A) - m] / [(m-1)RI]$，$RI$ 为随机一致性指标，若 $CR(A) \leq 0.1$，则称 A 是满足一致性判断矩阵，由此 m 个评价准则的权重即为 $\overline{w}$。

用数据包络分析法确定准则权重

记 $y_k^j, k=1,\cdots,h$ 为第 j 个项目第 k 个效益型属性值，$x_i^j, i=1,\cdots,m-h$ 为第 j 个项目的第 i 个成本属性值。

选用模型 N：

$$N:\max\sum_{j=1}^{n}\theta_j=\sum_{j=1}^{n}\frac{\sum_{k=1}^{h}u_k y_k^j}{\sum_{i=1}^{m-h}v_i x_i^j}$$

$$\begin{cases} s.t.\,0\leqslant\theta_j\leqslant1, j=1,2,\cdots,n \\ \mu_k\geqslant\varepsilon, v_i\geqslant\varepsilon, k=1,2,\cdots,h \\ i=1,2,\cdots,m-h \end{cases}$$

式中，μ_k 为第 k 个效益准则权重；v_i 为第 i 个成本型准则权重；n 为供应商数目；ε 为足够小的正数。

将 y_k^j，x_i^j 按相同归一化方法转换成 $0\sim1$ 之间的数，令 $\boldsymbol{\Psi}=(\mu_1,\cdots,u_k,v_1,\cdots,v_{m-h})^{\mathrm{T}}$，归一化后满足 $\mu_1+\cdots+\mu_k+v_1+\cdots+v_{m-h}=1$，$\boldsymbol{\Psi}$ 即为数据包络分析确定的准则权重。

② 确定综合权重。为使求得的准则权重综合反映主观与客观的关系，用加权的方法确定综合权重，即

$$w^*=a\overline{w}+(1-a)\boldsymbol{\Psi}$$

式中，w^* 为综合权重；a 为主观偏好系数；$1-a$ 为客观偏好系数，$a\in[0,1]$。a 的具体数值由决策者根据偏好给出。

③ DEA 分析。DEA 分析过程参见第三章的介绍。在具体操作时，需要通过问卷调查等方式来确定项目的投入产出评价指标。

④ 选择最优的投资项目。

（2）层次分析法与数据包络分析法的集成评价数值模拟

为了详细说明该方法的应用，这里举一个简单的例子，进行数值模拟。

① 建立投资项目选优的层次结构。在这个投资项目选优的过程中，主要有

三个层次，准则层涉及的投资风险为市场风险、经营管理风险、技术开发风险、研究开发风险和宏观环境风险，待评价的项目有 3 个，如图 4-4 所示。

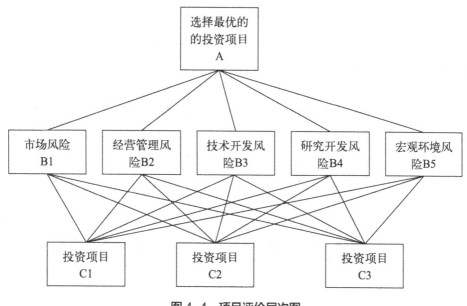

图 4-4　项目评价层次图

② 两两比较，并量化构成相应的判断矩阵，建立层次总排序。在实际操作过程中，层次分析法构建的两两比较矩阵的赋值应该由专家或者有经验的人士给出，并且需要不断地调整各赋值以求达到一致性的目的。具体计算结果见表 4-5～表 4-10。

表 4-5　第二层因素对 A 总目标的判断矩阵

A-B	B1	B2	B3	B4	B5	权重
B1	1	2	3	4	5	0.417419
B2	1/2	1	2	3	4	0.263374
B3	1/3	1/2	1	2	3	0.160227
B4	1/4	1/3	1/2	1	2	0.097476
B5	1/5	1/4	1/3	1/2	1	0.061504

表4-6　第三层因素对市场风险 B1 的判断矩阵

B1-C	C1	C2	C3	权重
C1	1	5	3	0.605381
C2	1/5	1	1/3	0.103139
C3	1/3	3	1	0.291480

表4-7　第三层因素对经营管理风险 B2 的判断矩阵

B2-C	C1	C2	C3	权重
C1	1	1/3	3	0.291480
C2	3	1	5	0.605381
C3	1/3	1/5	1	0.103139

表4-8　第三层因素对技术开发风险 B3 的判断矩阵

B3-C	C1	C2	C3	权重
C1	1	3	1/3	0.291480
C2	1/3	1	1/5	0.103139
C3	3	5	1	0.605381

表4-9　第三层因素对研究开发风险 B4 的判断矩阵

B4-C	C1	C2	C3	权重
C1	1	2	3	0.539615
C2	1/2	1	2	0.296961
C3	1/3	1/2	1	0.163424

表4-10　第三层因素对宏观环境风险 B5 的判断矩阵

B5-C	C1	C2	C3	权重
C1	1	1/2	1/3	0.163424
C2	2	1	1/2	0.296961
C3	3	2	1	0.539615

由表 4-11 可以看出，综合各风险的考虑，项目 C1 的权重最大，应该投资项目 C1，但是，这个结果仅仅是层次分析法判断出来的，还应结合 DEA 分析的结论一起考虑。

表 4-11　投资项目风险评价层次分析模型的总排序

A-C	B1	B2	B3	B4	B5	总排序结果
	0.417419	0.263374	0.160227	0.097476	0.061504	
C1	0.605381	0.291480	0.291480	0.539615	0.163424	0.438819493
C2	0.103139	0.605381	0.103139	0.296961	0.296961	0.266230306
C3	0.291480	0.103139	0.605381	0.163424	0.539615	0.294950201

③ DEA 分析。DEA 分析过程参见第三章的介绍。在具体操作时，需要通过问卷调查等方式来确定项目的投入产出评价指标。表 4-12 是本节所列举例子的计算结果。

表 4-12　项目所在行业投入产出表

项目		DMU（C1）	DMU（C2）	DMU（C3）
投入	行业平均流动资金 / 百万元	25	46	9
	行业从业人员总数 / 万人	2.3	10	52
	同行业竞争者数量 / 个	4	20	102
产出	行业平均收益率 /%	18	9	4

经 DEA 计算可得：$D(\theta_{C1}) = 1$，$D(\theta_{C2}) = 0.272$，$D(\theta_{C3}) = 0.617$。也就是说项目 C1 是 DEA 有效的，C2 与 C3 均为非有效。

我们假定，主观偏好系数为 0.25，则此问题的最后综合评分分别为：

C1：$0.25 \times 0.439 + 0.75 \times 1 = 0.8598$

C2：$0.25 \times 0.266 + 0.75 \times 0.272 = 0.2705$

C3：$0.25 \times 0.295 + 0.75 \times 0.617 = 0.5365$

可以看出 C1 的综合评分最高，所以项目 C1 为最优的投资项目。

4.4　企业投资风险防范措施

中小型企业并没有成形的风险管理组织结构和相关知识体系，同时，中小型企业在发展过程中更倾向于采用非正式的方式来提升风险管理能力。企业投资风险的防范，要重视资本在中小企业风险管理能力形成过程中的重要作用。

4.4.1　区分好实物资产投资和金融资产投资

投资主要分为两类，即实物资产投资与金融资产投资，二者都是以投资的营利性与风险比较为基础进行决策的。但是，由于金融资产具有可分割性、流动性以及相容性等特点，因而在进行金融资产投资时，不必考虑投资的规模、时间约束和投资项目的多少等因素。只需要考虑金融资产之间的相关性、风险、报酬和相互关系等问题，并依据风险报酬权衡，实现优化选择。而实物资产投资时则要考虑金融资产未考虑的因素。

4.4.2　设计完善的企业投资风险管理体系

有效的风险管理体系能够很好地降低企业在投资时的风险，一般而言，企业投资风险管理体系的设计包括以下几个步骤。

① 选择的投资机会，它是依据自然资源利用和市场条件，在投资项目的投资方向的基础上，提出思路、分析数据，从而找到投资的时机和行业。

② 编制项目建议书，项目建议书是具体化的投资建议，它可以由企业自行编制，但也有代为编制的专业机构。

③ 进行可行性研究，可行性研究是投资前期工作的中心环节，可行性研究报告的投资项目，在提供投资项目的主要内容和标准的基础上，充分展示了项目在技术上的先进性、经济上的合理性和可行性。

④ 编制设计任务书，任务书的目的是对已制定规划的未来工作的规范和

监督。

⑤ 投资项目的评估和决策，对投资项目的可行性研究报告进行评价，并提出评估报告作为最后项目决策的依据。

⑥ 执行投资项目。

4.4.3　采取合理的投资策略

（1）风险分散

风险分散措施主要包括：企业投资单位的分散，就是所谓的"别把鸡蛋放在一个篮子里"；投资地区的分散，是指分地区投资，防范某一地区经济影响导致风险增大；企业类别的分散，众所周知，不同类别企业的投资风险是不同的，投资不同类别的企业能起到降低风险的作用；投资时间的分散，这主要是基于企业资金链的考虑，让不同项目的完工时间不同，结算时间也不一样，能够降低财务风险。在投资证券市场的时候首先可以根据信用等级来挑选对象以降低风险。

（2）风险规避

这是一种消极的心态和做法，它是指完全规避风险，投资无风险或风险很低的项目。

（3）损失控制

损失控制主要是通过降低损失发生的概率或降低损失的程度，从而降低企业投资的损失。

（4）风险转移

是指在法律法规允许的条件下，将风险部分转移给别的企业，或者将风险转移给保险公司，来降低自己的风险。

（5）风险自留

它是指投资方自己承担由于投资风险事故所造成的损失。其实质是当投资风险事故发生并造成一定的损失之后，经济单位即投资方通过内部资金的融通来弥补所遭受的损失。对于一些大的企业集团，企业拥有较多的风险单位而且有较强的财力，适合采用自留风险的做法。

（6）转换优先股

这是一个非常灵活的投资策略，因为投资是可变资本的转化率，以保障企业在某一时期的固定业绩，如果一个优秀的企业经营良好，决策者可以把优先股转换为普通股。

但是许多优秀的国有控股上市公司由于种种原因，上市比较早，导致股权结构不合理，流通股比重太低，国有股比重太高，不利于公司的发展和效益的进一步提高。因此，公司就需调整股权结构，适当减持上市公司国有股权比重是公司日后发展的必然选择，在此大背景下，公司的国有股转换为优先股方案势在必行。

（7）风险保障

主要是指政府相关部门对投资者提供的收益保障，或者是咨询公司对企业提供的信息性保障，以及保险公司由于企业投保而对企业的投资提供的资金保障等。

4.4.4　加强内部控制

企业在投资项目运营过程中一定要坚持以成本为中心，防止过度投资，盲目投资；加强内部控制还应该加强财务方面的管理，增强防范财务危机的能力，提高资金周转率，以及预留一部分备用资金，提高企业自身处理意外情况的能力。

4.4.5　加强对企业投资的战略管理

国有资产监督机构应加强对企业投资的战略管理，应做到以下几个方面。

① 指导和监督企业依据国家发展战略和整体资本结构调整，制定和实施企业发展战略。

② 指导企业发展战略的实施，制定相关的重大投资项目实施措施，实时加强跟踪和管理。

③ 加强对投资策略全过程的跟踪和服务。国有资产监管机构既享有监督的权利，也应承担为企业服务的义务。

④ 国有资产监督机构积极参与重大投资项目的风险排查，分析和评价。

⑤ 坚持引导企业以价值投资评估方式，提高投资决策的科学性。

加强对企业投资的战略管理，要同时注重企业信息技术的发展。科学决策的重要依据来自及时、有效和全面的信息获取和管理能力。而影响企业信息技术发展的三要素是：有效的内部支持，成功的外部支持和完善的管理体系。在企业中，IT 是多维的概念，涵盖了从设计到规划、组织、领导和控制等多个方面。企业在 IT 管理方面的成熟，无论规划和领导方面，都能使其更加易于管理，得到较成功的管理结果。

4.4.6　建立预警机制与预警模型

企业投资风险预警管理体系通过对相关信息采集，分析可能导致投资项目出现风险的因素，运用定性与定量的方法发现企业投资活动中的潜在风险，并发出警示，实现对企业投资活动的风险预控。

一个健全的投资风险预警管理体系应该包括组织结构、管理流程以及风险估计等环节。投资风险预警管理组织结构，包括董事会、风险管理委员会、审计委员会和监督委员会等，各职能部门之间相互监督，对相关决策提出建议，再由有关部门执行决策。组织结构如图 4-5 所示。

风险预警管理体系中，除了一套完整有效的组织结构之外，还需要有一套比较规范的投资风险预警管理流程。目前很多的投资失败案例中有相当一部分是因为企业在实际操作过程中，并没有严格按照投资风险预警管理流程来处理投资风

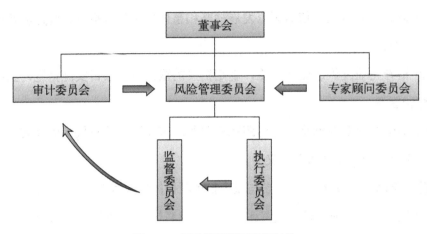

图 4-5　风险预警管理组织结构

险，而往往跳过了中间的一个或几个环节，导致投资风险的失控。投资风险预警流程也不是一成不变的，它需要根据预测情况与实际状况的拟合程度进行调整，需要动态地、实时地对企业的经营风险进行跟踪、评价和预测，全面地反映企业的投资风险和运营状况，如图 4-6 所示。

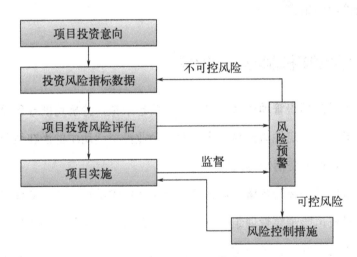

图 4-6　投资风险预警流程

　　建立预警机制应非常注重数字管理。数字管理体系已经逐渐深入并影响了企业投资风险管理的各个领域。

　　企业投资风险贯穿于企业投资的全过程，企业投资风险管理是减少企业投资项目失败可能性的一种重要手段。风险管理意味着在危机发生之前就对它进行处理，提高了企业投资项目成功的概率，减少了不可避免风险所造成的损失。可以"预警"的情况有很多种，包括财务报告低劣或延期、出现亏损、交货延期、管理团队变动、经营关键数字的变动等。在"预警"模型的建立上，目前有两种较新的定量方法。

（1）财务方面的预警模型

在财务预警方面，最早有爱德华·阿尔曼建立的"Z-Score"模型，用以计量企业破产、产生财务危机的可能性。Z-Score 模型从企业的资产规模、折现力、获利能力、资产利用效率等方面综合反映了企业的财务状况，推动了财务预警系统的发展。

但是在随后的研究中发现，Z-score 模型没有将现金流量变动等方面的情况考虑进去，因此针对这一模型的缺陷，国内外学者纷纷研究提出改进模型。我国学者对 Z-score 模型进行了改造，建立了新的财务失败预测模型——F 分数模型：

$$F = -0.1774X_1 + 1.1091X_2 + 1.9271X_3 + 0.0303X_4 + 0.04961X_5$$

各变量的含义见表 4-13。

表 4-13　F 分数模型中变量的含义

变量	含义解释	变量	含义解释
X_1	$\dfrac{期末流动资产-期末流动负债}{期末总资产}$	X_4	$\dfrac{期末股东收益的市场价值}{期末总负债}$
X_2	$\dfrac{期末留存收益}{期末总资产}$	X_5	$\dfrac{税后净收益+利息+折旧}{平均总资产}$
X_3	$\dfrac{税后净收益+折旧}{平均总资产}$		

（2）基于BP神经网络的投资风险管理综合预警模型

如何提高企业自身的投资风险管理水平，对投资的项目设计预警模型是比较有效的手段之一。我们选用 BP 神经网络来构建预警模型。此种预警模型的原理是这样的：先选取数据对网络进行训练，将误差控制在理想范围内之后，再将需要预报的项目数据输入 BP 神经网络的输入层，由网络进行训练得出最后的风险状态。

下面不仅介绍该模型的原理，同时将以我国旅游酒店类企业的预警机制建立为例对该预警模型进行数值模拟。

① 选取指标。由于判断企业运营情况的指标众多，预警系统指标的选取又缺乏经济学等相关理论的支持，所以本书尝试从企业竞争力的角度来确立酒店类企业的投资风险预警指标。

企业的竞争力受内部因素和外部环境的影响，由于经济形势、政策导向等外部因素企业无法做出明显判断，因此主要考虑影响企业竞争力的内部因素。内部因素可以细分为企业所掌握的竞争资源、盈利能力、偿债能力、成长能力、资源利用能力、市场能力等多个方面。根据这些方面，本书有针对性地选取了 15 个指标，样本主要选取了我国旅游酒店板块 28 家上市公司的数据，数据来源于企业的 2009 年年度报表，于巨潮资讯网获得。

选取的指标为：总资产、总资产报酬率、总资产增长率、资产负债率、现金比率、总资产周转率、净利润额、流动资金、销售费用、管理费用、应付职工薪酬、单位资本经济附加值、流动负债、主营业务收入以及所有者权益。

② 建立指标体系。15 个指标之间有优劣之分，存在一定比例的冗余指标，所以，有必要删除冗余指标。信息熵方法对于冗余指标的去除具有比较好的效果。信息熵方法主要考察的是指标的区分能力，它的基本思路是：如果指标之间的值相差越大，指标对于整体的比较作用就越明显，指标的区分能力就越大，指标也就越具有评价的代表性。信息熵主要度量指标所包含和传输的决策信息的多少。

在建立指标体系之前，需要对原始指标进行无量纲化处理。无量纲化处理的方法有很多种，可以设 x_{ij}（ $i = 1, 2, \cdots, m$ ； $j = 1, 2, \cdots, n$ ）表示第 i 个评价目标的第

j 项指标的实际值，y_{ij} 表示 x_{ij} 经处理后对应的新的指标值；设 $\max\limits_{1 \leqslant i \leqslant m} x_{ij}$ 为第 j 项指标的最大值，$\min\limits_{1 \leqslant i \leqslant m} x_{ij}$ 为第 j 项指标的最小值。因为信息熵的运算涉及对数运算，所以指标去量纲化后不宜出现负值，结合现实需要，本书的无量纲化处理的计算公式为：

$$y_{ij} = \frac{x_{ij} - \min\limits_{1 \leqslant i \leqslant m} x_{ij}}{\max\limits_{1 \leqslant i \leqslant m} x_{ij} - \min\limits_{1 \leqslant i \leqslant m} x_{ij}}$$

信息熵的指标的区分能力量度用 w_i 表示。15 个指标的区分能力量度值如表 4-14 所示。

表 4-14　指标的区分能力量度值

总资产	总资产报酬率	总资产增长率	资产负债率	现金比率	总资产周转率	净利润额	流动资金
0.0970	0.0069	0.0494	0.0205	0.0974	0.0365	0.0693	0.0869

销售费用	管理费用	应付职工薪酬	单位资本经济增加值	流动负债	主营业务收入	所有者权益	
0.0680	0.0727	0.0770	0.0080	0.1460	0.0970	0.0670	

从表中可以看到，总资产报酬率、总资产增长率、资产负债率、总资产周转率以及单位资本经济增加值等 5 个指标的区分能力未达到 0.05，区分能力相对较弱，可以认为属于冗余指标，在下一步的分析中可予以省略。

神经网络每个样本的期望值用德尔菲法得到，最终输出的结果在 [0,1] 范围内，预警状态对应的数值分别为：

$$\begin{cases} [0, 0.035]，危机状态 \\ (0.035, 0.15]，中度警报 \\ (0.15, 0.5]，轻度警报 \\ (0.5, 0.75]，警惕 \\ (0.75, 1]，安全状态 \end{cases}$$

这里的预警状态需要考虑决策者的风险偏好和专家意见。

③ 利用 Matlab 进行训练。取前 20 组数据进行训练，后 8 组数据进行测试。目标误差为 $\varepsilon = 1 \times 10^{-6}$，用共轭梯度函数进行收敛运算。

对应上表建立一个包含 10 个输入节点，15 个隐含节点和一个输出节点的 BP 神经网络。根据输入、输出数据对网络进行训练，当网络的误差小于收敛误差时运算停止。本次经过 634 次迭代训练后网络达到收敛，并保存网络的权值。

网络结构图如图 4-7 所示。

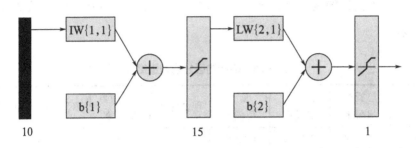

图 4-7　网络结构图

网络训练图如图 4-8 所示。

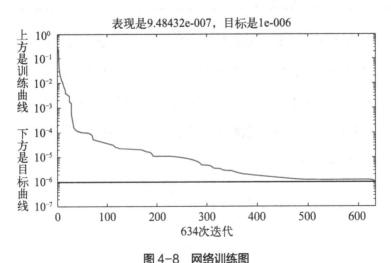

图 4-8　网络训练图

训练结果如表 4-15 所示。

表 4-15　训练结果表

序号	1	2	3	4	5	6	7	8	9	10
训练结果	0.022	0.131	0.081	0.148	0.016	0.050	0.040	0.031	0.035	0.010
期望输出	0.021	0.131	0.081	0.148	0.017	0.05	0.04	0.031	0.035	0.009
相对误差	2.83%	−0.02%	0.05%	−0.01%	−5.01%	−0.32%	−0.63%	0.34%	0.45%	6.64%
训练预警状态	危机	中度警报	中度警报	中度警报	危机	中度警报	中度警报	危机	危机	危机
期望预警状态	危机	中度警报	中度警报	中度警报	危机	中度警报	中度警报	危机	危机	危机
序号	11	12	13	14	15	16	17	18	19	20
训练结果	0.111	0.079	0.081	0.043	0.043	0.034	0.13	0.287	0.887	0.015
期望输出	0.111	0.079	0.081	0.043	0.043	0.034	0.130	0.287	0.887	0.015
相对误差	0.06%	−0.07%	0.04%	1.11%	−0.27%	−1.10%	0.03%	0.00%	0.00%	−1.63%
训练预警状态	中度警报	中度警报	中度警报	中度警报	中度警报	危机	中度警报	轻度警报	安全	危机
期望预警状态	中度警报	中度警报	中度警报	中度警报	中度警报	危机	中度警报	轻度警报	安全	危机

　　从表 4-15 中可以看出，利用神经网络得到的输出值与期望输出值之间的最大误差为 6.64%，在可接受的范围之内，所以可以认为神经网络训练的结果可以基本代替期望输出，作为投资者的判断依据。

　　这里再将 8 组测试数据输入已经训练好的神经网络，测试结果如表 4-16 所示。

表 4-16　测试结果表

序号	1	2	3	4	5	6	7	8
训练结果	0.028	0.036	0.075	0.022	0.010	0.041	0.378	0.272
期望输出	0.026	0.035	0.077	0.024	0.011	0.037	0.378	0.272
相对误差	−6.87%	−3.97%	2.59%	9.55%	3.6%	−8.66%	0.03%	−0.01%
训练预警状态	危机	中度警报	中度警报	危机	危机	中度警报	中度警报	轻度警报
期望预警状态	危机	危机	中度警报	危机	危机	中度警报	中度警报	轻度警报

从表 4-16 中可以看到，神经网络得到的输出值与期望输出值之间的最大误差为 9.55%。效果良好。训练结果与期望输出值所代表的预警状态是基本一致的，只有序号 2 的预警状态存在差异，预警的正确率为 87.5%。当然这种情况很可能是由于样本数据有限等原因造成的，但是同时也说明，神经网络的训练效果比较不错，用于预测判断的正确率很高。所以，该训练网络能够用来对项目的风险进行预警。

在实际操作中，在获得某个项目的相关指标后，将其做归一化处理后，输入已经训练好的神经网络模型，从而得到该项目的训练结果以及对应的预警状态。利用 BP 神经网络可以达到比较好的预测效果，在投资过程中运用此模型对投资项目的实时监控有一定帮助，有利于投资者根据预警状态立刻采取相应行动，有助于降低投资风险，保护企业投资安全。

用 BP 神经网络对企业投资风险进行预警的一个优点就是能够弱化权重确定中的人为因素，克服人工评价所带来的人为因素及模糊随机性影响。另外，BP 神经网络的另一个优点就是神经网络本身的优良特性：自组织能力、自适应性和自学习能力。随着时间的推进和样本的积累，该预警模型还会呈现出动态性，因为数据量的增加，可以使网络进一步地学习和动态跟踪。

4.4.7　市场周期的相关分析

企业投资时需要密切关注所在市场的市场周期，以证券市场为例，引起多头和空头市场交替的决定性因素就是经济周期，市场周期本质上是整个国民经济活动波动性的体现。

市场周期一般都会经历繁荣、衰退、萧条、复苏四个阶段，针对不同的市场周期特征，采取有针对性的投资策略能有效规避投资风险，这对周期性行业而言尤为重要。

① 在合适的时间投入合适的资本。企业应尽量避免将资金一次性地投入某一项目或市场中去，而是应该随着市场周期的变化适时作出调整。企业投资的关键在于对投资时机的把握，比如，预期收益较高的投资一般是在经济复苏之前开始投入的。如果时机把握不对，在经济复苏后已经形成产能的情况下投入的话，得到的效果只能是事倍功半。

② 控制投资进入过热的领域。投资进入过热的领域通常发生在经济繁荣期的时候，而这个时候恰恰需要警惕的就是经济随时可能进入衰退期，这时进行大量投资很可能会导致比较大的损失。所以，在经济繁荣期的时候，尽量避免"竞争红海"的投资。

③ 适时减少资金占用。习惯于经济繁荣的企业，资金占用一定很多，适时减少资金占用可以回避经济危机风险带来的资产降价风险，过多的资金占用在经济危机降价潮中，有时会吞没经济繁荣时期企业获得的全部利润。

企业只有在适应市场周期的基础上才能更加有效地规避投资风险，在管理上只有先行于市场周期，并对市场周期有比较敏锐的判断，才能有利于企业的成长。

4.5 投资风险防范案例研究

企业的投资风险管理具有其现实的复杂性，本章从分析投资风险的成因入手，将导致企业投资风险的因素分为客观因素和主观因素两个方面，然后对这两方面因素进行了细致的分析。在此基础上，本章讨论了投资风险的测量方法，分别介绍了投资报酬变异系数法、模糊综合评估法以及基于 BP 神经网络的投资风险测度法，并对 BP 神经网络测度法进行了重点介绍与数值模拟，使其更方便地进行企业投资风险的实际测定。

接下来，本章介绍了投资项目的评价选择方法，包括相对经济效果选优法、全部经济效果选优法、风险程度大小选优法、数学模型选优法等，尤其是将定性与定量的方法结合起来，重点阐述了如何用层次分析法与数据包络分析法的集成来对投资项目进行选择，对企业投资项目的选择具有实践性的指导意义。最后提出了关于投资风险防范的多项措施，包括区分好实物投资与金融投资、设计完善的企业投资风险管理体系、采取合理的投资策略、加强内部控制与企业战略控制、建立预警机制、分析市场周期等，尤其是介绍了如何利用 BP 神经网络来构建企业的风险预警系统。

下面运用案例分析法，进一步对企业投资风险的防范做分析阐述。

4.5.1 金融行业的投资风险管理——高盛集团案例

高盛集团（Goldman Sachs Group，Inc.）是一家全球领先的金融服务公司，成立于 1869 年，总部位于美国纽约。高盛集团在全球金融市场中扮演着重要角色，为客户提供包括投资银行、证券交易、资产管理、风险管理、私募股权投资等服务。在 20 世纪初，高盛逐渐发展成为美国最重要的投资银行之一。在 1999 年，高盛集团转型为公开交易公司，并在纽约证券交易所上市。

高盛集团的业务板块主要包括以下几个部分。① 投资银行：为客户提供包括股票和债券发行、并购咨询、融资安排等投资银行服务。② 证券交易：在全球证券市场进行交易，包括股票、债券、外汇、商品等，为客户提供交易执行和市场流动性。③ 资产管理：为客户管理巨额资产，提供包括股票、债券、私募股权、对冲基金等在内的投资产品和服务。④ 风险管理：利用衍生品、风险模型等技术，为自身和客户提供风险评估、对冲和转移服务。⑤ 私募股权投资：在全球范围内进行私募股权投资，涉及并购、成长资本、房地产等领域。

高盛集团在过去的几十年中取得了显著的业绩。在公司转型的过程中，高盛集团抓住了多次市场机遇，通过创新和拓展新业务，实现了收入和利润的增长。特别是在金融危机期间，高盛集团凭借其强大的风险管理能力和业务实力，成功渡过了市场动荡期。

高盛集团注重团队合作和创新发展。公司倡导以客户为中心的服务理念，致力于为客户提供最优质的金融服务。同时，高盛集团注重企业社会责任，积极参与公益事业，推动可持续发展。

高盛集团在全球金融市场中具有重要地位，业务遍及纽约、伦敦、东京、中国香港等国际金融中心。公司在全球设有数十个办事处，拥有数千名员工。

高盛集团作为全球领先的金融服务公司，其投资风险管理具有典型性。集团投资风险管理主要内容有以下几个方面。

（1）强化市场风险的管理

① 资产配置策略。高盛集团通过多元化投资策略，将资金投向不同资产类别和市场，以分散市场风险。在股票、债券、商品、外汇等领域进行投资，以实现风险收益的平衡。

② 风险对冲。高盛集团利用金融衍生品，如期货、期权、掉期等，对投资组合进行风险对冲，降低市场波动对投资收益的影响。

③ 量化模型分析。高盛集团采用先进的量化模型，如 VaR（Value at Risk，风险价值）模型等，对市场风险进行量化分析，以评估投资组合的风险承受能力。

（2）注重信用风险管理

① 信用评估。高盛集团对投资项目的信用风险进行严格评估，包括对发行人、债券、贷款等信用状况的调查和分析。

② 信用衍生品。高盛集团通过信用衍生品，如信用违约互换（CDS）、总收益互换（TRS）等，转移和分散信用风险。

③ 信贷敞口管理。高盛集团通过精细化管理，控制信贷敞口，降低信用风险。例如，在贷款业务中，公司对借款人进行严格筛选，确保贷款资金的安全。

（3）注重投资的流动性风险管理

① 资金管理。高盛集团加强现金流管理，确保公司具备充足的流动性。通过优化资产负债结构，提高资金使用效率。

② 库存管理。高盛集团对投资组合中的证券进行流动性分析，确保在市场波动时，能够迅速调整投资组合，以应对潜在的流动性风险。

（4）注重投资的操作风险管理

① 信息技术风险。高盛集团重视信息技术的研发和升级，提高系统稳定性和安全性，防范信息科技风险。

② 内部控制。高盛集团建立健全内部控制体系，加强对员工的管理和培训，确保业务运营的合规性。同时，公司还加强内部审计，及时发现和纠正潜在问题。

③ 法律风险。高盛集团注重法律风险的防范，通过合规经营、合同管理等方式，降低法律风险。此外，公司还设立专门的法务部门，处理各类法律事务。

（5）注重投资的外部环境风险管理

① 防范政策风险。高盛集团密切关注全球政策变化，提前做好应对政策风险的准备。例如，公司针对各国监管政策的变化，调整业务策略。

② 防范汇率风险。高盛集团采用多元化货币结算方式，降低汇率波动带来的风险。同时，公司通过外汇衍生品等金融工具，对冲汇率风险。

综上所述，高盛集团通过市场风险管理、信用风险管理、流动性风险管理、操作风险管理以及外部环境风险管理等措施，全面降低投资风险，以应对不断变化的市场环境。

4.5.2 能源行业的投资风险管理——埃克森美孚公司案例

埃克森美孚公司（Exxon Mobil Corp.）是一家全球领先的石油和天然气企业，总部位于美国得克萨斯州。该公司是 1999 年由埃克森（Exxon）石油和美孚（Mobil）石油合并而来，合并后成为世界上最大的石油和天然气公司之一，拥有庞大的资产和员工队伍。

埃克森美孚公司的主要业务范围包括以下几个方面。

① 勘探与生产：在全球范围内进行石油和天然气的勘探活动，包括深海、极地和其他复杂地质条件下的钻探项目。公司致力于开发新技术以提高油气田的产量和效率。

② 精炼与营销：公司将勘探和生产的原油和天然气转化为各种石油产品，如汽油、柴油、航空燃料、润滑油等，并通过全球分销网络进行销售和营销。埃克森美孚公司拥有众多的品牌和产品线，服务于各个市场和消费者。

③ 化工产品：埃克森美孚公司在化工领域也有深入的布局，生产各种化学品，包括塑料、合成纤维、肥料、溶剂、聚合物等，这些产品被广泛应用于工业和消费领域。

④ 能源与碳管理：尽管以石油和天然气为主业，埃克森美孚公司也在探索和开发替代能源，如风能、太阳能等，并致力于提高能效和减少温室气体排放。

⑤ 研究与开发：公司投入大量资源用于研究和开发，以推动技术创新，解决能源生产、精炼和化工领域的关键问题，同时也致力于开发新的可持续能源技术。

⑥ 天然气液化：埃克森美孚公司在全球范围内参与天然气液化项目的开发和运营，包括液化天然气（LNG）的出口和进口。

⑦ 融资与服务：公司还提供与能源相关的金融服务，如投资、风险管理、

资产融资等，并为客户提供一系列与能源生产、精炼和交易相关的服务。

埃克森美孚公司通过这些业务的运作，满足了全球范围内对能源和化工产品的需求，并在全球能源市场中占据了重要地位。

该公司的投资风险管理措施如下。① 信用评估体系的建立：埃克森美孚公司建立了一套完善的信用评估体系，对合作伙伴和客户的信用状况进行评估和监控，以降低投资的信用风险；② 风险分散措施：埃克森美孚公司通过与多个合作伙伴和客户进行交易，实现风险分散，减少对单一合作伙伴的依赖；③ 数学建模应用：埃克森美孚公司利用数学建模技术，如信用风险模型（Credit Default Swaps，CDS），对投资风险进行量化分析和评估，以制定相应的风险管理策略。

4.5.3 零售行业的投资风险管理——沃尔玛公司案例

沃尔玛公司（Walmart Inc.）是一家总部位于美国阿肯色州本顿维尔的跨国零售公司，由山姆·沃尔顿（Sam Walton）在 1962 年创立。沃尔玛公司是世界上最大的零售商之一，也是全球最大的私人雇主之一。

沃尔玛公司最初是一家小型折扣商店，名为"沃尔顿家族折扣商店"（Walton's Family Discount City），后来逐渐发展壮大。1968 年，沃尔玛公司开设了第一家沃尔玛超市（Walmart Supercenter），提供折扣价的食品、家用商品和电子产品等。1970 年，沃尔玛公司股票在纽约证券交易所上市。

沃尔玛公司在 20 世纪 80 年代开始迅速扩张，通过开设新的商店和收购其他零售品牌，如 SAM's Club（山姆会员商店）、ASDA（艾思达）、Tesco（特易购）等，进一步扩大了其市场份额。沃尔玛公司不仅在美国拥有广泛的零售网络，还在全球范围内开展业务，包括加拿大、墨西哥、英国、阿根廷、巴西、印度等国家和地区。沃尔玛公司的商业模式以低成本、大规模运营和高效的供应链管理为特点，使其能够提供具有竞争力的价格。

除了零售业务，沃尔玛公司还涉足其他领域，如酒店、银行、电信等。沃尔玛公司致力于可持续发展和履行企业社会责任，通过减少碳排放、节约能源和支持当地社区等措施，努力为社会作出贡献。沃尔玛公司的经营理念是以顾客为中心，提供高品质的商品和服务，以满足各种消费需求。公司致力于成为全球最领先的零售商，为顾客创造价值，为员工提供良好的工作环境，为股东创造长期的回报。

沃尔玛公司在投资风险管理方面采取了一系列防范措施和实施细则，以确保投资活动的安全性和有效性。主要的策略有以下几方面。

① 建立投资决策与管理体系。建立专业的投资审核委员会，负责审核投资发展规划和年度投资计划。此外，投资管理部门统筹协调公司的投资业务，包括投资政策研究、统计分析、投资规划、投资中监管及投资后评价等。

② 投资风险控制措施。包括确保投资活动符合企业战略、避免投资与筹资不匹配、注意资产结构与流动性的平衡、建立严密的授权审批制度和不相容职务分离制度，以及确保投资资产保管与会计记录的严密性。

③ 制定投资控制实施细则。内容涉及经济合同法、招标投标法、建筑法等法律法规，以及工程施工阶段的投资控制，如合同变更处理、投资控制的主要工作和目标值等。

④ 制定详细的投资管理制度。规范投资管理，提高投资效益和决策水平，防范投资风险。包括投资活动的原则、组织机构及职责、投资项目决策权限及程序、投资项目规划、投资项目论证与决策管理等。

⑤ 将投资风险管理融入全面风险管理。包括确保公司遵守有关法律法规、确保风险控制在与总体目标相适应的范围内、确保公司有关规章制度的贯彻执行等。

⑥ 制定风险管理与内部控制实施细则。规范公司的风险管理与内部控制工作，提高全员风险管理与内部控制意识和风险防范能力。包括合规性原则、统一性原则、适应性原则和成本效益原则等。

这些措施和实施细则为沃尔玛公司在投资风险管理方面提供了一个全面的框架，确保该公司投资决策的合规性、有效性和安全性。通过这些措施，公司能够更好地识别、评估和控制投资风险，从而保护公司及其投资者的利益。

4.5.4 科技行业的投资风险管理——英特尔公司案例

英特尔公司（Intel Corp.）是一家总部位于美国加利福尼亚州圣克拉拉的跨国科技公司，成立于 1968 年，是全球最大的半导体制造商之一，也是计算机技术的先驱之一。英特尔公司致力于设计、制造和销售各种计算机硬件和软件产品，其产品涵盖了处理器、芯片组、显卡、网络通信设备、存储设备等多个领域。

英特尔公司的处理器产品线包括针对个人电脑的 Intel Core（酷睿）、Intel Xeon（至强）和 Intel Atom（凌动）系列处理器，以及针对移动设备的 Intel Atom 处理器 Z 系列。此外，英特尔公司还生产用于服务器和数据中心的处理器产品，如 Intel Xeon Scalable（可扩展）处理器和 Intel Xeon 处理器 E 系列。

除了处理器产品外，英特尔公司还生产芯片组，这些芯片组通常与英特尔处理器一起使用，以提供完整的平台解决方案。英特尔公司的芯片组产品涵盖了各种性能级别，包括针对高端桌面市场的 Z 系列芯片组，以及针对主流和入门级桌面市场的 B 系列和 H 系列芯片组。

英特尔公司生产的显卡产品，包括集成显卡和独立显卡。英特尔公司的集成显卡通常集成在处理器中，提供基本的图形处理功能。而独立显卡则针对需要更高图形性能的应用，如游戏、图形设计和视频编辑等。此外，英特尔公司还生产网络通信设备，如以太网控制器、无线网络卡和光纤通道卡等。这些产品用于实现计算机与其他设备之间的数据传输和连接。在存储设备方面，英特尔公司生产固态硬盘（SSD）和 NAND 闪存芯片。固态硬盘采用 NAND 闪存技术，具有读写速度快、耐用性强等优点，广泛应用于个人电脑、服务器和数据存储等领域。

总之，英特尔公司作为全球知名的科技公司，其产品涵盖了处理器、芯片组、显卡、网络通信设备和存储设备等多个领域，为全球范围内的计算机制造商、通信企业和消费者提供了一系列高性能、高品质的硬件和软件产品。

英特尔公司作为全球领先的半导体制造商，其业务遍布全球，面临各种投资风险。为了应对这些风险,英特尔公司采取了一系列有效的管理措施。以下是一些主要的应对策略。

① 多元化投资。英特尔公司在投资决策中注重产品、市场和地理区域的多元化。这有助于降低单一市场、产品或地区经济波动对公司的影响。通过在多个市场和产品线上投入资源,英特尔公司能够分散风险,保持业务稳定增长。

② 研发投入。英特尔公司持续加大研发投入,以保持技术领先地位。公司拥有强大的研发团队,致力于开发创新的产品和技术。通过不断的技术进步,英特尔公司能够应对市场竞争和客户需求的变化,从而降低投资风险。

③ 战略合作。英特尔公司通过与其他行业领导企业建立战略合作关系,共同开发新技术和新市场。这些合作有助于英特尔公司降低进入新市场的风险,同时也能够获得合作伙伴的支持,共同应对竞争压力。

④ 供应链管理。英特尔公司非常注重供应链的管理,以确保原材料和产品的稳定供应。公司通过与多个供应商建立合作关系,降低单一供应商带来的风险。此外,英特尔公司还通过优化库存管理和物流,提高供应链的灵活性和响应速度。

⑤ 建立投资风险管理和内部控制体系。英特尔公司建立健全投资风险管理和内部控制体系,对投资项目进行全面的风险评估和监控。公司设有专门的风险管理团队,负责识别、评估和管理各种风险。此外,英特尔公司还实施严格的内部控制措施,确保财务报告的准确性和合规性。

⑥ 全球化经营战略。英特尔公司在全球范围内开展业务,能够有效分散地域投资风险。公司通过在不同国家和地区设立生产基地和销售网络,降低受地缘政治和经济波动的影响。同时,英特尔公司还能够根据不同市场的需求,调整产品和业务策略。

总之,英特尔公司通过多元化投资、研发投入、战略合作、供应链管理、投资风险管理和内部控制体系建设和全球化经营等措施,有效应对投资风险。

从英特尔公司的案例可以看出,科技公司面对的投资风险通常与市场变化、技术迭代、竞争对手行为、宏观经济状况以及法律法规的变动等因素密切相关。

为了应对这些风险，科技公司可能采取的投资风险管理策略主要包括以下几个方面。

① 持续研发：科技公司往往会投资于持续的研发活动，以保持其产品的竞争力，并在市场中保持领先地位。

② 灵活的战略调整：随着市场环境的变化，科技公司需要能够快速调整其战略，以适应新的市场需求和技术趋势。

③ 多元化业务模式：通过多元化业务模式，科技公司可以减少对单一产品或服务的依赖，从而降低市场波动的影响。

④ 强大的知识产权保护：科技公司通常会投入资源保护其知识产权，如专利、商标和版权，以防止竞争对手的模仿和侵权行为。

⑤ 风险投资和资本运作：科技公司可能会寻求风险投资或其他形式的外部资本，以支持其增长和扩张计划。同时，它们可能会通过股票市场进行资本运作，以优化资本结构和提高市场价值。

⑥ 合作伙伴关系和生态系统建设：通过建立强大的合作伙伴关系和生态系统，科技公司可以共享资源、技术和市场机会，从而降低投资风险并提高效率。

⑦ 国际化战略：拓展国际市场，分散地理风险，并利用全球资源和劳动力优势。

⑧ 数据安全和隐私保护：鉴于科技公司通常要处理大量数据，它们需要投资于数据安全和隐私保护措施，遵守相关法律法规以赢得消费者信任。

⑨ 人才管理和培养：作为应对投资风险的重要举措，科技公司要重视人才的管理和培养，确保拥有足够的技能和知识来应对未来的挑战。

⑩ 监测宏观经济和行业趋势：通过监测宏观经济和行业趋势，科技公司可以提前做出调整，以应对可能的市场变化和风险，从而提升投资风险的管理能力。

当然，每家科技公司的投资风险管理策略都有其独特性，这取决于其具体的业务模式、市场定位和发展阶段。

4.5.5　国有企业的投资风险管理——湖南交水建集团的案例

湖南交水建集团，全称为湖南省交通水利建设集团有限公司，是湖南省人民政府国有资产监督管理委员会直接监管的大型国有企业。该集团前身可以追溯到成立于 1952 年的湖南省交通厅工程局和湖南省水利厅工程局，后经过多次改革和发展，于 2019 年整合成如今的湖南交水建集团。

作为湖南省属大型国有企业，湖南交水建集团是一家集投资、建设、运营为一体的大型综合性建筑企业，拥有公路、水利、建筑、市政、环保等多个领域的建设能力和资质。集团主要从事高速公路、高速铁路、大型水利枢纽工程、城市轨道交通、市政工程等的建设，同时涉足房地产开发、股权投资等多个领域。

湖南交水建集团拥有一支专业化的工程建设队伍，技术力量雄厚，装备先进。集团旗下拥有多家子公司，包括设计院、工程公司、建筑公司、投资公司等，业务遍及全国多个省份，并在部分海外国家和地区也开展了工程项目。

作为湖南省的重要建筑力量，湖南交水建集团在推动地方经济发展、基础设施建设等方面发挥着重要作用。集团多次承担了国家及湖南省重大项目建设任务，为湖南省乃至全国的交通运输和水资源开发利用作出了积极贡献。

湖南交水建集团参与了众多国家和地方的交通运输、水利设施建设等项目，代表性的项目有以下几个。

① 长沙橘子洲大桥。这是湖南省长沙市的一座著名斜拉桥，是长沙市的标志性建筑之一，也是中国首座采用斜拉桥结构的桥梁。

② 洞庭湖区治理工程。洞庭湖是中国的第二大淡水湖，湖南交水建集团参与了湖区综合治理工程，包括堤防加固、水环境整治等项目，以改善湖区生态环境，保障湖区周边居民的生命财产安全。

③ 湖南省高速公路网建设。集团参与了湖南省多条高速公路的建设，例如长张高速公路、长株高速公路等，这些高速公路对于提升湖南省的交通运输能力和促进地方经济发展具有重要意义。

④ 长沙市轨道交通工程。随着长沙市轨道交通的发展，湖南交水建集团也参与了相关线路的施工，如地铁 1 号线、2 号线等，助力长沙打造现代化交通

体系。

⑤ 水利枢纽工程。集团参与了湖南省多个大型水利枢纽工程的建设，如五强溪水利枢纽、皂市水利枢纽等，这些工程在防洪、发电、灌溉等方面发挥了重要作用。

⑥ 国外工程项目。除了在国内的项目，湖南交水建集团还承担了部分海外工程项目，如非洲的埃塞俄比亚商业银行大厦、赞比亚的水利工程等，展示了企业的国际竞争力。

作为大型国有企业，湖南交水建集团的投资风险管理策略和举措比较有代表性。该集团的投资风险防范措施主要包括以下几个方面。

① 投资风险识别和评估。集团设立专业的风险管理部门，采用风险评估工具和技术，随时对潜在的投资风险进行识别和评估，同时确定投资的长期和短期目标。包括资本增值、收入产生、风险分散等。

② 建立健全风险预防和控制体系。主要是内部控制体系，包括不相容职务分离、内部审计、财务报告等，来预防和控制投资风险。同时，集团还设立了投资风险准备金，并预留了风险预算，以应对可能出现的风险。

③ 多元化投资。为了避免投资风险集中，集团采取了多元化投资的策略，分散投资于不同行业、地区或资产类别，以减少单一投资失败对企业的影响。在资产配置方面，根据投资目标和风险承受能力，将资产分配到不同的资产类别中，如股票、债券、现金、房地产、自持物业和项目等。同时，分散投资地区，根据地理位置、经济状况和政策环境选择多个投资地区，以减少地域风险。在投资额度上，合理控制投资比例，根据市场状况和投资的风险偏好，合理控制不同资产类别在总投资中的比例，帮助集团在市场波动时保持稳定的投资组合。

④ 合规性和合规检查。遵守相关法律法规和政策是国有企业运营的基础。湖南交水建集团会确保其所有投资活动都符合国家相关法律法规，并定期进行合规性检查。

⑤ 投资合同管理和法律风险控制。在确立投资和项目合同时，集团会通过专业的合同管理和法律咨询，确保合同条款能够保护企业的权益，减少法律风险。

⑥ 投资项目后评价和反馈机制。对于已完成的投资项目，集团会进行后评价，总结经验教训，并将这些信息反馈到企业的投资决策和风险管理流程中，以不断提高风险管理的有效性。

⑦ 与金融机构的合作。为了更好地管理投资风险，集团与银行、保险、投资基金等金融机构合作，利用金融工具进行风险对冲和管理。

⑧ 人才培养和团队建设。投资风险管理需要专业知识和经验。湖南交水建集团非常注重相关人才的培养和团队的建设，确保集团有足够的专业能力来识别和管理风险。

我国国有企业的投资风险案例比较多，主要涉及国企的多元化投资问题。在这些案例里面，反面的案例主要为国企曾因过度投资非主业领域（如房地产和金融证券）而面临重大风险。这种盲目的多元化投资导致了巨额亏损，并导致了腐败问题，影响到地方经济的持续健康发展。

湖南省国资委因此强调企业应以战略发展规划为引导，集中主业进行投资，并设定了一条非主业投资不得超过 20% 的红线，以控制国企的投资风险。湖南省国资委通过项目清理和效能督查等方式，对项目进行及时评价和纠偏。

4.5.6　互联网行业的投资风险管理——阿里巴巴集团的案例

阿里巴巴集团是中国著名的互联网集团，成立于 1999 年，由马云和他的 18 个合伙人共同创立。集团总部位于中国杭州，主要从事电子商务、云计算、数字媒体和娱乐等业务。阿里巴巴集团的愿景是成为全球领先的商务和创新平台，为消费者、企业和开发者提供优质的服务。

该集团的主要业务板块有以下几个方面。

① 电子商务。主要包括淘宝、天猫、1688 批发网、阿里国际站、速卖通等平台。其中，淘宝是中国最大的 C2C 零售平台，天猫则是面向品牌商家的 B2C 平台，1688 批发网是一个面向制造商和批发商的综合 B2B 平台，而阿里国际站和速卖通则致力于跨境电商业务。阿里巴巴集团将会继续扩展其电商业务，包括进一步渗透到农村市场，以及在国际市场上，尤其是在东南亚、印度等新兴市场扩大其影响力。

② 云计算。阿里云是阿里巴巴集团旗下的云计算品牌，提供包括云服务器、大数据、人工智能等在内的全方位云计算服务。阿里云致力于为企业、政府和个人提供安全、可靠的云计算基础设施和解决方案。阿里云是阿里巴巴集团的增长引擎之一，未来可能会继续扩大在全球市场的份额，通过建立更多数据中心和提升云计算服务的能力来吸引更多企业客户。

③ 数字媒体和娱乐。阿里巴巴集团在数字媒体和娱乐领域的主要业务包括优酷网、土豆网、阿里影业、阿里音乐等。这些业务涵盖了视频、音乐、电影、游戏等多个领域，为用户提供丰富的娱乐体验。集团将会继续投资于内容制作和分发，以及数字娱乐平台的扩张，以满足消费者对高质量娱乐内容的需求。

④ 新零售业务。阿里巴巴集团在新零售领域的应用涵盖了多个方面，旨在通过技术手段提升零售效率和消费者体验。主要内容有以下几个方面。

a. 数字化商店：通过旗下的盒马鲜生等品牌，开设了数字化商店，这些商店使用智能技术来管理库存、预测需求和优化货架布局。

b. 无人零售：主要包括无人超市和自动售货机等，这些设施利用面部识别、商品识别等技术实现自助结账，提供便捷的购物体验。

c. 新零售平台：通过淘宝、天猫等平台，为商家提供一系列新零售工具，如智能店铺管理系统、大数据分析工具等，帮助商家更好地了解消费者需求并提升运营效率。

d. 物流优化：阿里巴巴集团的菜鸟网络利用大数据和人工智能技术优化物流配送流程，实现商品的快速配送和精准送达。

e. 个性化推荐：利用阿里云和大数据技术，阿里巴巴集团能够为消费者提供个性化的商品推荐，提升购物体验和转化率。

f. 零售云服务：阿里巴巴集团推出的零售云服务，为传统零售企业提供云基础设施和解决方案，帮助他们实现数字化转型。

⑤ 创新业务。阿里巴巴集团还致力于物联网、人工智能等领域的研究和开发，通过创新技术推动传统产业的转型升级。同时，阿里巴巴集团进一步发展企业服务业务，为企业提供金融、物流、营销等服务，以增加公司的收入来源。

总之，阿里巴巴集团作为中国互联网行业的领军企业，不断拓展业务领域，推动科技创新，为全球消费者、企业和开发者提供优质的服务。在未来的发展中，阿里巴巴集团将继续致力于实现其愿景，成为全球领先的商务和创新平台。

阿里巴巴集团投资领域众多，但投资风险管理比较成功。其投资风险管理采取了主动型的风险管理策略。比较典型的是运用了定制化投资策略。通过定制化投资策略，成功实现了业务的多元化和全球化扩张。例如：在 2013 年投资建立了菜鸟网络，专注于物流和供应链管理。通过这个平台，阿里巴巴集团能够整合其庞大的电子商务业务与物流服务，提高物流效率并降低成本。此外，菜鸟网络还通过与第三方物流合作伙伴合作，建立了广泛的物流网络，为集团提供了更快的配送服务和更好的顾客体验。又如：投资于多元化的市场布局。阿里巴巴集团不仅在中国的电子商务市场占据领先地位，还通过投资和收购，将其业务扩展到了国际市场。收购了东南亚的电子商务平台 Lazada（来赞达），以及投资了印度电商平台 Flipkart（弗利普卡特），实现了在全球范围内的市场布局。

集团非常重视长期投资，对于一些关键的业务领域和市场，阿里巴巴集团愿意进行长期的投资和布局，以实现持续的增长和竞争优势。通过这些定制化的投资策略，阿里巴巴集团成功地实现了业务的多元化和全球化扩张，成了全球最大的电子商务公司和云计算服务提供商之一。

通过定制化的投资策略，阿里巴巴集团在有效防范投资风险的同时，顺利进入新的市场、扩大市场份额、获取宝贵的资源和经验，并最终实现成功。

总结起来，阿里巴巴集团的投资风险防范策略主要包括如下内容。

① 多元化投资组合。阿里巴巴集团投资了多个不同领域的公司，如物流、云计算、媒体等。这使得集团能够从多个角度受益于不同行业的发展，同时降低了对单一行业的依赖。

② 严格的项目评估。在投资菜鸟网络时，阿里巴巴集团对其商业模式、市场前景和管理团队进行了深入的评估。经过严谨的分析后，集团决定投资菜鸟网络，这一决策在后来证明是成功的，菜鸟网络的发展极大地提升了集团在物流领域的竞争力。

③ 精准的风险评估和监控系统。2014 年，阿里巴巴集团在美国上市。在上市前，阿里巴巴集团进行了全面的风险评估，包括市场风险、法律风险、监管风险等。这使得集团能够更好地应对上市过程中的各种挑战。

④ 强大的内部控制和合规性管理能力。阿里巴巴集团遵循严格的内部控制和合规性要求，特别在反洗钱和反腐败方面。这有助于集团避免因违反法律法规而带来的风险。

⑤ 资本管理和财务杠杆控制。阿里巴巴集团在 2018 年收购了"饿了么"。在这个收购案中，阿里巴巴集团充分考虑了资本结构和财务杠杆的影响，确保这一投资能够为集团带来长期的价值。

⑥ 在投资管理中充分运用信息技术。阿里巴巴集团利用其在数据分析和处理方面的技术优势，对投资项目进行了深入的数据分析，以辅助决策。例如，在投资 Lazada 时，集团利用其数据分析能力，对 Lazada 的业务进行了深入的了解，并提供了有针对性的战略建议。

⑦ 投资管理注重应对法律法规变化。阿里巴巴集团密切关注国内外法律法规的变化，并据此调整其业务策略。例如，在面对美国对中国企业的一系列法律法规变化时，阿里巴巴集团积极与美国政府和相关部门沟通，以确保其业务能够持续在美国健康发展。

⑧ 社会责任和可持续发展。阿里巴巴集团在投资风险管理的决策中，除了考虑商业利益外，还注重考虑社会责任和可持续发展。例如，阿里巴巴集团投资绿色能源和环保技术公司，就体现了其对可持续发展的重视。

以上内容均表明，阿里巴巴集团在投资风险管理方面做得相对较好，其通过多种措施和策略，成功地降低了投资风险，实现了企业的稳健发展。

此外，公开的资料显示，阿里巴巴集团在投资风险管理中，还非常注重跨文化管理与适应性、政治风险与地缘政治分析、法律合规与知识产权保护、金融市场波动与风险管理等领域，从而更好地识别、评估和管理投资风险，以提高集团投资决策的质量和回报。

第五章

企业人力资源风险管理方法与措施

本书在第二章中已综述了企业人力资源风险管理的研究内容和进展，综合来看，企业人力资源风险是在人力资源从外部交易向内部交易转变过程中产生的，这一过程中的各个环节，包括人力资源规划、招聘、绩效考评、薪酬福利、激励等，都可能产生风险；另外，随着现代企业所有权和经营权的分离以及委托代理关系的出现，信息不对称和利益差异引发的委托代理问题更加增大了人力资源风险出现的可能性。

人力资源风险管理是指对企业中存在的人力资源风险进行识别、评价、防范和控制的管理活动，以降低风险发生的可能性，减小损失的危害性。人力资源风险管理主要包括两大部分，一是人力资源风险的识别，二是人力资源风险的防范。对应这两大部分，本章的研究重点是：一是企业如何利用定量的方法合理地识别、评价和估计内部的人力资源风险；二是现代委托代理关系的博弈过程是如何发展的，企业通过分析该过程可以制定出一些相应的激励机制，以降低人力资源风险发生的可能性。

5.1　人力资源风险的评估

所谓人力资源指的是一个企业组织内部在一定时期内所拥有的并且能为其所用、具有价值创造能力的员工的教育、能力、技能、经验、体力等素质的总称。鉴于这种资源的特殊性，它具有一些与其他资源截然不同的特点，使得人力资源风险也与其他资源风险有所区别。

一般认为一个企业的人力资源主要面临三个方面的风险：人力资源供给不足的风险、劳动力成本大幅度上升的风险以及员工队伍不稳定的风险。因此在人力资源风险评估中，要考虑的问题就很多，其评估指标的选择以及方法的选取就具有一定的特殊性。

结合企业的实际情况，本书认为数据包络分析方法比较适合评估人力资源风险，下面将详细分析该方法在人力资源风险评估中的应用，并选取了 6 家房地产类企业的相关数据进行实证分析。

5.1.1 研究方法与模型选择

在这里，可以根据数据包络分析的基本原理，建立企业人力资源管理的 C^2R 评价分析模型。

选取某行业内的 n 家企业，每家企业有 m 种类型的输入指标和 s 种类型的输出指标。

设 x_j 和 y_j 分别表示该行业第 j 家企业的输入向量和输出向量，$j=1,2,\cdots,n$，其中，$\boldsymbol{X}=(x_1,x_2,\cdots,x_m)$，$\boldsymbol{Y}=(y_1,y_2,\cdots,y_s)$。

根据输入指标和输出指标，可以构造出 C^2R 模型的经验生产可能集，即

$$T_{C^2R}=\{(\boldsymbol{X},\ \boldsymbol{Y})\,|\sum_{j=1}^{n}\lambda_j x_j\leqslant \boldsymbol{X},\ \sum_{j=1}^{n}\lambda_j y_j\leqslant \boldsymbol{Y},\lambda_j\geqslant 0,j=1,2,\ldots,n\ \}$$

由此，可将企业人力资源管理绩效定义为

$$\eta=\frac{\boldsymbol{u}^{\mathrm{T}}y_j}{\boldsymbol{v}^{\mathrm{T}}x_j}=\frac{\sum\limits_{r=1}^{s}u_r y_{rj}}{\sum\limits_{i=1}^{m}v_i x_{ij}}(j=1,2,\cdots,n)$$

其中，$\boldsymbol{u}=[u_1,u_2,\cdots,u_s]^{\mathrm{T}}$，$\boldsymbol{v}=[v_1,v_2,\cdots,v_m]^{\mathrm{T}}$ 分别为输出指标和输入指标的权重向量。

所建模型如下：

对于某决策单元 p，$1\leqslant p\leqslant n$，有

$$\mathrm{Max}\,\eta_p=\frac{\boldsymbol{u}^{\mathrm{T}}y_p}{\boldsymbol{v}^{\mathrm{T}}x_p}$$

$$s.t.\frac{\boldsymbol{u}^{\mathrm{T}}y_j}{\boldsymbol{v}^{\mathrm{T}}x_j}\leqslant 1,j=1,2,\cdots,n,u,v\geqslant 0$$

（5-1）

此即为原始的 DEA 模型。其中，η_p 为第 p 个决策单元的绩效评价指数，可以适当选取权系数，使 $\eta_p \leqslant 1$，并使 η_p 最大。

利用 Charnes-Copper 变换，可以将模型转化为一个等价的线性规划问题，再求其对偶问题，就可以得到一般的 DEA 模型（D_1），若引入松弛变量 s^+ 和 s^-，即得到新的对偶规划问题（D_2）：

$$(D_1):\ \begin{array}{l} \text{Min}\,\theta \\ s.t. \displaystyle\sum_{j=1}^{n} x_j \lambda_j \leqslant \theta x_p, \ \sum_{j=1}^{n} y_j \lambda_j \leqslant y_p, \ \lambda_j \geqslant 0 (j=1,2,\cdots,n) \end{array} \tag{5-2}$$

$(D_2):$

$$\begin{array}{l} \text{Min}\,\theta \\ s.t. \displaystyle\sum_{j=1}^{n} x_j \lambda_j + s^- = \theta x_p, \ \sum_{j=1}^{n} y_j \lambda_j - s^+ = y_p, \ s^- \geqslant 0, \ s^+ \geqslant 0, \ \lambda_j \geqslant 0 (j=1,2,\cdots,n) \end{array} \tag{5-3}$$

其中，s^+ 和 s^- 分别表示超出部分和不足部分，λ_j 为输入输出指标的权重系数，θ 为企业人力资源管理绩效的评估结果。

若线性规划（5-3）的最优解为：

① $\theta = 1$，则决策单元 DMU 弱 DEA 有效；

② $\theta < 1$，则决策单元 DMU DEA 无效。

其经济解释为：模型求解致力于在生产可能集 T 内，保持输出 Y 不变，同时将输入量 X 按同一比例尽量减少。如果 X 不能按同一比例尽量减少，即 (D_1) 的最优值 $V = 1$，则是有效的生产活动。也就是说，当一个企业的人力资源管理绩效在该行业内处于有效水平，则说明该企业能够通过有效的管理使其人力资源发挥出更大的效用，为企业创造更好的业绩，它所面临的人力资源风险也就相对较小；相反，如果评估结果显示某企业的人力资源管理是非有效的，该企业则会面临较大的人力资源风险，需要进一步分析引起风险的关键因素，采取改进措施，并且严加防范。

5.1.2 评价指标的选定

指标的选取是 DEA 绩效评价中的关键环节。其重要性主要有三点：首先，指标的选择必须满足评价的要求，客观反映评价对象的风险水平；其次是技术上应避免投入、产出及内部指标具有较强的线性关系；最后要考虑指标的重要性和可获得性。

传统的 DEA 分析中对输入、产出指标的选择主要有生产法、资产法、中间媒介法、用户成本法和价值附加值法。由于对企业管理绩效的评估方向不同，因此选择的评价指标也有所不同。

在这里，考虑到企业人力资源管理受到内部环境、外部环境和人力资源本身风险的多重影响，选择同一行业内不同企业进行 DEA 评价，从而可以忽略整体宏观环境对企业人力资源风险的影响，剔除一些不易度量和权衡的指标。所以在此将行业内的每一家企业作为一个决策单元（DMU），并对其输入、输出作如下定义。

输入指标：员工中本科以上学历比重、营销人员比重、职工人数、人均工资。其中，第一项指标从一定角度显示了企业人力资源本身所蕴含的内在风险，后三项指标都反映了企业内部管理活动对人力资源风险的影响。本科以上学历比重体现了企业员工的基本学历情况，是其能力水平的一种简单反映；营销人员比重表示全体员工中营销人员所占的比重，反映出人力资源管理部门安排和运用企业人才的能力；职工人数是对企业人力资源状况的整体描述，既可用来判断企业的人力资源是否充足，也能用来判断企业人员是否存在过剩、人浮于事的现象；人均工资是企业所有员工的平均工资，体现了企业员工的薪酬福利水平和企业激励政策的运用效果。

输出指标：总资产报酬率、营业收入增长率。其中，总资产报酬率是企业年末净利润与总资产的比值，反映企业的盈利状况和总资产的利用效率；营业收入增长率表示企业年度经营收入的增长比率，体现出企业经营规模的发展和拓展情况。二者从不同的角度共同反映了企业的业绩水平。

5.1.3 实证分析

（1）样本选取

利用数据包络分析（DEA）中的 C^2R 模型对房地产行业企业人力资源管理进行考察评价，因此选用一个时间截面（2010 年）的数据，考察该行业内企业的人力资源管理是否具有有效性，并进一步探索人力资源管理状况不理想的原因所在，找出关键要素，提出改进方向，以促进非 DEA 有效的房地产企业提高人力资源的管理绩效，降低风险，实现行业内的 DEA 有效。

在此，选择 6 家房地产类企业作为 DEA 的决策单元，其输入、输出指标数据如表 5-1 所示。

表 5-1　6 家房地产类企业 DEA 模型输入、输出指标数据表

	决策单元	1	2	3	4	5	6
输入指标	本科以上学历比重 /%	44.44	10.88	4.33	10.81	13.82	16.48
	营销人员比重 /%	17.00	1.90	2.46	2.00	22.00	17.00
	职工人数 / 人	19	331	245	140	76	90
	人均工资 /（万元 / 人）	5.37	1.87	2.24	2.46	2.36	2.13
输出指标	总资产报酬率 /%	7.30	1.14	0.99	3.84	4.15	3.45
	营业收入增长率 /%	164.25	−12.77	−6.36	27.46	−37.46	−47.48

（2）数据分析

根据表 5-1 的数据，对（5-3）式的线性规划问题利用 LINDO 软件进行求解，可得出每个决策单元（DMU）的最优解，并根据前面的 DEA 中 C^2R 模型的结论判断其有效性与否。

举例，对第一个决策单元（DMU1），可建立如下模型：

$$\text{Min}[\theta - \varepsilon(s_1^- + s_2^- + s_3^- + s_4^- + s_5^+ + s_6^+)]$$

$s.t$

$$44.44\lambda_1 + 10.88\lambda_2 + 4.33\lambda_3 + 10.81\lambda_4 + 13.82\lambda_5 + 16.48\lambda_6 + s_1^- = 44.44\theta$$

$$17.00\lambda_1 + 1.90\lambda_2 + 2.46\lambda_3 + 2.00\lambda_4 + 22.00\lambda_5 + 17.00\lambda_6 + s_2^- = 17.00\theta$$

$$19\lambda_1 + 331\lambda_2 + 245\lambda_3 + 140\lambda_4 + 76\lambda_5 + 90\lambda_6 + s_3^- = 19\theta$$

$$5.37\lambda_1 + 1.87\lambda_2 + 2.24\lambda_3 + 2.46\lambda_4 + 2.36\lambda_5 + 2.13\lambda_6 + s_4^- = 5.37\theta$$

$$7.30\lambda_1 + 1.14\lambda_2 + 0.99\lambda_3 + 3.84\lambda_4 + 4.15\lambda_5 + 3.45\lambda_6 - s_5^+ = 7.30$$

$$164.25\lambda_1 - 12.77\lambda_2 - 6.36\lambda_3 + 27.46\lambda_4 - 37.46\lambda_5 + 47.48\lambda_6 - s_6^+ = 164.25$$

$$\lambda_j \geq 0, j = 1, 2, \cdots, 6$$

$$s_1^- \geq 0, \quad s_2^- \geq 0, \quad s_3^- \geq 0, \quad s_3^- \geq 0, \quad s_5^+ \geq 0, \quad s_6^+ \geq 0$$

求得的最优解为 $\theta = 1$。

对于其他决策单元，也如是求解。得到的结果如表 5-2 所示。

表 5-2　DEA 模型输入、输出相对绩效表

决策单元	θ 值	有效性	决策单元	θ 值	有效性
1	1	有效	4	1	有效
2	0.389366	非有效	5	1	有效
3	0.643638	非有效	6	0.937688	非有效

从表中可以看出，第一、四、五个决策单元（DMU1、DMU4、DMU5）的相对有效值为 1，说明这三家企业的人力资源管理是相对有效的，所面临的人力资源风险也较小；而其余三家企业非 DEA 有效，在人力资源管理方面有所欠缺，存在较大的风险。

（3）风险因素的进一步探讨

对于非 DEA 有效的企业，需要对如何降低人力资源风险和改善人力资源管理进行更深一步的研究。下面将以第二家房地产企业为例，运用层次分析法对该企业人力资源风险因素进行简单的分析。

首先，建立人力资源风险因素的层次分析模型，如图 5-1 所示。

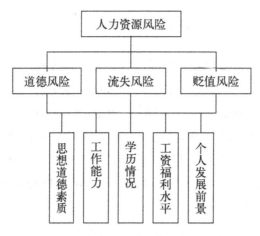

图 5-1　人力资源风险因素层次分析模型

然后，通过专家打分法（共邀请 35 位专家进行打分）构造成对比较矩阵。

① 第一层次的对比矩阵为：

$$A = \begin{bmatrix} 1 & 2 & 7 & 5 & 5 \\ 1/2 & 1 & 4 & 3 & 3 \\ 1/7 & 1/4 & 1 & 1/2 & 1/3 \\ 1/5 & 1/3 & 2 & 1 & 1 \\ 1/5 & 1/3 & 3 & 1 & 1 \end{bmatrix}$$

最大特征值为 $\lambda_{max}(A) = 5.072$

最大特征值对应特征向量为：

$$U = [-0.8409, \ -0.4658, \ -0.0951, \ -0.1733, \ -0.1920]^T$$

标准化后为

$$U = [0,4759, \ 0.2636, \ 0.0538, \ 0.0981, \ 0.1087]^T$$

这说明在影响人力资源风险的因素中，思想道德素质是最重要的，其次是工作能力，最不重要的因素是学历情况。

一致性指标

$$CI = \frac{\lambda_{max}(A) - 5}{5 - 1} = 0.018$$

随机一致性指标 RI=1.12，

相对一致程度指标

$$CR = \frac{CI}{RI} = \frac{0.018}{1.12} = 0.016 < 0.1$$

这说明 A 不是一致阵，但 A 具有满意的一致性，即 A 的不一致程度可接受。

② 第二层次的对比矩阵为：

$$\boldsymbol{B}_1 = \begin{bmatrix} 1 & 1/3 & 1/8 \\ 3 & 1 & 1/3 \\ 8 & 3 & 1 \end{bmatrix}, \ \boldsymbol{B}_2 = \begin{bmatrix} 1 & 2 & 5 \\ 1/2 & 1 & 2 \\ 1/5 & 1/2 & 1 \end{bmatrix}, \ \boldsymbol{B}_3 = \begin{bmatrix} 1 & 1 & 3 \\ 1 & 1 & 3 \\ 1/3 & 1/3 & 1 \end{bmatrix},$$

$$\boldsymbol{B}_4 = \begin{bmatrix} 1 & 3 & 4 \\ 1/3 & 1 & 1 \\ 1/4 & 1 & 1 \end{bmatrix}, \ \boldsymbol{B}_5 = \begin{bmatrix} 1 & 4 & 1/4 \\ 1/4 & 1 & 1/4 \\ 4 & 4 & 1 \end{bmatrix}$$

标准化后的权向量分别为：

$$\boldsymbol{U}_1 = [0.082, \ 0.244, \ 0.674]^{\mathrm{T}}$$

$$\boldsymbol{U}_2 = [0.606, \ 0.265, \ 0.129]^{\mathrm{T}}$$

$$\boldsymbol{U}_3 = [0.429, \ 0.429, \ 0.142]^{\mathrm{T}}$$

$$\boldsymbol{U}_4 = [0.636, \ 0.185, \ 0.179]^{\mathrm{T}}$$

$$\boldsymbol{U}_5 = [0.167, \ 0.167, \ 0.666]^{\mathrm{T}}$$

经检验，各矩阵的不一致程度均满足相应的要求。

③ 各类风险总得分为：

$$\omega_1 = 0.4759 \times 0.082 + 0.2636 \times 0.606 + 0.0538 \times 0.429 +$$
$$0.0981 \times 0.636 + 0.1087 \times 0.167 = 0.303$$
$$\omega_1 = 0.243$$
$$\omega_1 = 0.452$$

④ 分析结论。由上述数据可以看出，第二家企业人力资源所面临的最大风险是贬值风险，其次是道德风险，而流失风险相对较小。所以该企业应该注重在管理人力资源的贬值风险方面多下功夫，可以通过员工在职培训、脱岗进修等提高员工能力水平的方法和措施来加以控制和防范，使企业的人力资源不断优化，发挥更大的效用，进而提高人力资源的管理绩效，为企业创造更大的利润。

5.1.4   结论

本书利用 DEA 的 C^2R 模型对同行业内各家企业的人力资源管理绩效进行了简单的评价，然后又通过层次分析法对 DEA 非有效企业的人力资源风险因素进行研究，找出了引起企业人力资源风险和影响企业人力资源管理效率的主要因素，并提出了相应的改善思路和控制方法。但是，由于模型的建立基于一定的假设，而且可能受到评价人的主观影响，所以还存在许多的不足和问题，待日后改进。

5.2   委托代理中的博弈分析

委托代理关系是非常普遍的一种关系，广义地讲信息不对称的契约双方都存在着委托代理关系。委托代理风险产生于这种信息的不对称，举例来讲，委托人追求的是企业利润最大化，代理人追求的是自身利益最大化，而委托人无法掌握代理人的所有信息，从而无法完全观察代理人的行为，代理人的目标与委托人目标不一致时可能会做出偏离利润最大化目标的行为。

委托人和代理人都面临着市场的不确定性和风险，且两者的信息处于非对称状态。首先，委托人不能直接观察代理人的具体操作行为；其次，代理人不能完全掌握选择行为后的最终结果，因为代理人选择行为的最终结果是一种随机变量，其分布状态取决于代理人的行为。由于存在该项条件，委托人不能完全根据对代理行为的观察结果来判断代理人的成绩。

常见的委托代理关系有以下几种，见表 5-3。

表 5-3   常见的委托代理关系

委托代理关系	例子
单个委托人与单个代理人	医生与病人
单个委托人与多个代理人	中央政府与若干家垄断性厂商
多个委托人与单个代理人	数千个计算机个人用户与 ISP（互联网服务提供商）公司
多个委托人与多个代理人	保险市场上多家保险公司与众多投保人
互为委托人和代理人	作者与出版商

委托人与代理人通过多轮博弈形成均衡合同，它代表一种价值标准，委托人和代理人都依据预期效用最大化原则开展行动，如图 5-2 所示。现在需要解决的是委托人怎样才能使代理人在达到自身效用最大化的同时，达到其规定的或希望达到的具体价值标准或社会目标。进一步分析，就是委托人如何使代理人在选择与不选择委托人标准或目标时从自身效用最大化出发，自愿地或不得不选择与委托人标准或目标一致的行动，最终达到效果如图 5-3 所示。

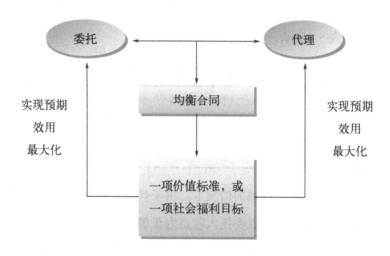

图 5-2　委托人与代理人博弈关系图

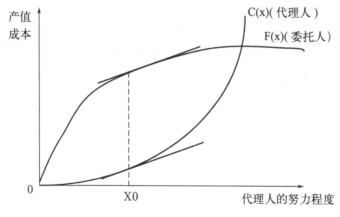

图 5-3　委托代理双方博弈结果

5.2.1 完全信息静态博弈模型

（1）不考虑委托人的监督成本以及代理人的额外收益

假设委托人和代理人都是经济人（理性人），彼此都能够准确地获知对方的相关信息并同时做出决策，而且委托人在监督企业运营时不存在监督成本问题，代理人在偷懒（没有尽全力运营企业）时不能通过其他渠道获得额外收益。此时，委托人与代理人之间构成了博弈论中的完全信息静态博弈模型。他们的博弈收益矩阵应该如表5-4所示。

表5-4 委托代理双方博弈收益矩阵

委托人	代理人偷懒	代理人勤奋
监督	（-1，-3）	（5，5）
不监督	（-2，3）	（4.8，4）

在委托人监督、代理人偷懒的情况下，由于代理人没有尽全力管理企业，企业的收益情况会受到影响，所以委托人收益为负值；同时代理人偷懒被发现，会受到企业惩罚，但由于偷懒会有其他的部分收益，所以没有到-5的极低值。当委托人监督、代理人勤奋时，企业收益为正值，并且理想化；代理人的努力通过监督过程被委托人看到，会有相应的奖励政策，所以收益为最大值5。当委托人不监督、代理人偷懒时，企业的收益为负值，而且由于委托人不监督没有威慑作用，收益比第一种情况还低；代理人偷懒没有被委托人发现，其不会受到惩罚，所以收益为正，但由于代理人收益往往跟企业经营状况相关，所以收益比第二种情况低。当委托人不监督、代理人勤奋时，委托人由于企业经营状况良好，所以收益为正，但由于缺乏监督，不能给代理人带来压力和动力，所以企业的收益可能不如存在监督时那么高；而代理人由于没有被企业监督所以丧失了被奖励的机会，收益反而比第二种情况低。

分析这个收益矩阵可知，当委托人选择监督企业运营时，代理人选择勤奋工作可获得收益5，而选择偷懒所获收益为-3；当委托人选择不监督企业运营时，代理人选择勤奋工作可获得收益 4，而选择偷懒时仅能获得收益 3。所以，不管委托人选择何种策略，代理人都会选择勤奋工作来实现自身效用的最大化。这种不管对手选择何种策略，局中人的最优选择总是不变的那个策略被称为该局中人的优超策略。勤奋工作就是代理人的优超策略。同样，对于委托人而言，当代理人选择偷懒时，委托人进行监督时企业的收益为 –1，不监督时企业的收益为 –2；当代理人选择勤奋工作时，委托人进行监督时企业的收益是 5，不监督时企业的收益仅为 4.8。所以，监督是委托人的优超策略。从而，（监督，勤奋）就构成了该博弈的优势策略均衡。然而不是所有的博弈问题都存在优超策略均衡。

（2）考虑委托人的监督成本

当委托人对企业的监督存在一定成本时，企业的收益就会存在一定程度的减少，博弈收益矩阵发生相应变化，如表 5-5 所示。

表 5-5　委托代理双方博弈收益矩阵

委托人	代理人偷懒	代理人勤奋
监督	（–1.5，–3）	（4.5，5）
不监督	（–2，3）	（4.8，4）

在考虑委托人的监督成本因素之后，代理人仍存在优超策略——勤奋工作，而委托人将不再存在优超策略。因为当代理人选择偷懒时，委托人会选择收益为 –1.5 的监督行为；而当代理人选择勤奋工作时，委托人会选择不进行监督来获得更高的收益。

此时，博弈模型中的局中人就无法形成前面的优势策略均衡，而将会构成一个更具一般性的均衡——纳什均衡。所谓纳什均衡就是指在给定其他人选择策略的条件下，每个人选择自己的最优策略，把所有局中人选择的策略组合起来就构成纳什均衡。在这个收益矩阵里，因为代理人一定都会选择勤奋工作，所以委托人也会相应地选择不进行监督，（不监督，勤奋）就构成了博弈中唯一的一个纳什均衡。

如果委托人的监督成本并没有前面设定的那么高，假定监督成本只有 −0.2，委托代理双方的博弈收益矩阵将如表 5-6 所示，那么，在这个博弈矩阵中就会出现两个纳什均衡——（监督，勤奋）和（不监督，勤奋）。这也就意味着代理人的收益情况取决于委托人的决策，若委托人选择不监督，代理人只能获得 4 的收益，他在长期内不可能得到满足，从而会采取其他行动来改变这种现状。所以，从长期来看，（不监督，勤奋）这个均衡点是不稳定的。

表 5-6　委托代理双方博弈收益矩阵

委托人	代理人偷懒	代理人勤奋
监督	（−1.8，−3）	（4.8，5）
不监督	（−2，3）	（4.8，4）

（3）考虑代理人的额外收益

在现实生活中，代理人即使偷懒也可能获得一定的额外收益，这种收益可能是利用工作时间从事其他副业所获得的经济收益，也可能是由于工作轻松、无压力而带来的身心满足效用。在此将这种额外收益进行量化并反映在委托代理双方博弈的收益矩阵中，如表 5-7 所示。

表 5-7　委托代理双方博弈收益矩阵

委托人	代理人偷懒	代理人勤奋
监督	（−1.5，−1）	（4.5，5）
不监督	（−2，5）	（4.8，4）

在这里，假设代理人偷懒时的额外收益比较大，为 2。分析表 5-7 中的博弈收益矩阵可知，当委托人对企业进行监督时，代理人会选择勤奋工作，当委托人不对企业进行监督时，代理人会选择偷懒；同样地，当代理人偷懒时，委托人会选择去监督，当代理人勤奋工作时，委托人就不会去监督。所以，委托代理双方都没有自己的优超策略，博弈模型中不存在一个可以实现的纯策略纳什均衡，但能够形成一个混合策略纳什均衡。

不同于前面纯策略纳什均衡的定义，混合策略是指一个策略规定局中人在给定的情况下以某种概率分布随机地选择不同的行动，在静态博弈模型里也可以理解为局中人在不同行动之间的随机选择。在混合策略中，每个局中人并不知道其他局中人的实际策略选择，所以支付函数也是不确定的。在此，可以用期望效用来解决这一问题。

假设委托人监督企业运营的概率是 α，则不进行监督的概率就是 $1-\alpha$；代理人偷懒的概率是 β，则他勤奋工作的概率就是 $1-\beta$。用 w 表示委托人，d 表示代理人。那么，委托人的期望效用函数就是：

$$U_w = \alpha[-1.5\beta + 4.5(1-\beta)] + (1-\alpha)[-2\beta + 4.8(1-\beta)]$$

如果要实现委托人的效用最大化，应对 α 求微分，使其一阶导数为零。即

$$\frac{\partial U_w}{\partial \alpha} = -1.5\beta + 4.5(1-\beta) - [-2\beta + 4.8(1-\beta)] = 0$$

$$0.8\beta - 0.3 = 0$$

解得，$\beta^* = \frac{3}{8}$。

同理，代理人的期望效用函数为：

$$U_d = \beta[-\alpha + 5(1-\alpha)] + (1-\beta)[5\alpha + 4(1-\alpha)]$$

为了使代理人的效用达到最大，应对 β 求微分，使其一阶导数满足最优。即

$$\frac{\partial U_d}{\partial \beta} = -\alpha + 5(1-\alpha) - [5\alpha + 4(1-\alpha)]$$

$$1 - 7\alpha = 0$$

解得，$\alpha^* = \frac{1}{7}$。

这也就是说，委托人有 $\frac{1}{7}$ 的概率监督企业运营，$\frac{6}{7}$ 的概率不进行监督；代理人选择偷懒的概率为 $\frac{3}{8}$，而选择勤奋工作的概率是 $\frac{5}{8}$。在更一般的意义下，也可以理解为在企业内部所有的代理人中，约有 $\frac{3}{8}$ 的人偷懒，而另外 $\frac{5}{8}$ 的人是会勤奋

工作的。企业的委托人会随机选择 $\frac{1}{7}$ 的代理人对其进行监督。所以，可以得出这个问题的混合策略均衡，即委托人选择混合策略 $\left(\frac{1}{7}, \frac{6}{7}\right)$，代理人会选择混合策略 $\left(\frac{3}{8}, \frac{5}{8}\right)$。

其实，在实际生活中，（偷懒，监督）并不能构成委托人的一个策略。因为委托人具有一定的选择权和决定权，一旦发现代理人的偷懒行为以及给企业所带来的损失时，他就会辞退原代理人，从而使博弈模型中的参与人发生变化。所以，要解决这个博弈问题，就必须考虑时间因素并引入动态分析。

5.2.2 完全信息动态博弈模型

在前面的静态模型中，博弈双方是同时进行决策的，但在实际生活中，绝大部分的博弈过程都是动态的，即一方先做出决策并行动，另一方再根据前者的行动信息进行决策。在委托代理双方的博弈中，由于委托人的自主权较大，所以通常是由委托人首先进行决策，然后代理人再根据相关信息做出选择。结合表 5-7 中的数据，可以绘制出一个扩展型的动态博弈图（图 5-4）。

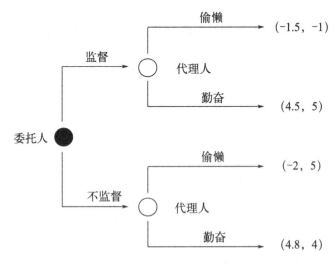

图 5-4　委托代理双方完全信息动态博弈图

如图 5-4 所示，由委托人率先采取行动。如果委托人选择监督企业运营，则代理人会选择勤奋工作，双方的收益将分别是 4.5 和 5；如果委托人选择不监督企业运营，则代理人会选择偷懒，双方的收益将分别是 –2 和 5。对于首先做决策的委托人而言，他会考虑如果选择监督，将会得到 4.5 的收益，虽然达不到最高的理想值 4.8，但一定比选择"不监督"时所获得的 –2 强。所以，在这种情况下，委托人会义无反顾地选择监督企业的运营，而代理人就会相应地选择勤奋工作，（监督，勤奋）就构成了委托代理双方完全信息动态博弈模型中的均衡点。

5.2.3　不完全信息静态博弈模型

在现实的经济环境中，信息资源的匮乏和分布的不均匀性，以及参与人的有限理性，导致博弈双方在做决策时不可能掌握全部的有关信息。在委托代理双方的博弈过程中，也必然存在这种信息不对称的现象。下面，将讨论在不完全信息状态下的静态博弈问题。

假设委托代理双方都是经济人（理性人），同时做决策，且充分考虑了委托人的监督成本和代理人的额外收益。但是需要明确指出的是：

① 代理人有两种类型，一类是职业道德水平较高的，即在管理企业运营的过程中不会中饱私囊，这时认定他在偷懒时的额外收益较低；另一类是职业道德水平较低的，即会利用职务之便将个人利益最大化，甚至不惜以损失企业利益为代价，这时认定他在偷懒时的额外收益较高。

② 代理人具有完全信息，而委托人不具有完全信息。也就是说代理人明确知道自己职业道德水平的高低，且在一段时间内不会发生变化，而委托人只知道代理人的职业道德有高低之分，但不能确定其雇佣的代理人到底属于哪一类型。

表 5-8 和表 5-9 分别给出了代理人职业道德水平不同的两种情况下博弈双方收益矩阵。

表5-8　委托代理双方博弈收益矩阵（代理人职业道德水平较高）

委托人	代理人偷懒	代理人勤奋
监督	（-1.5, -2）	（4.5, 5）
不监督	（-2, 2）	（4.8, 4）

表5-9　委托代理双方博弈收益矩阵（代理人职业道德水平较低）

委托人	代理人偷懒	代理人勤奋
监督	（-1.5, 0）	（4.5, 5）
不监督	（-2, 6）	（4.8, 4）

通过前面几个模型的分析可知，如果委托人知道代理人的职业道德水平较高，则一定会选择"不监督"策略；如果知道代理人的职业道德水平较低，则必然会选择"监督"策略。而问题的关键恰恰在于他不清楚代理人职业道德水平的真实情况。所以，我们可以通过引入概率分布来解决这个问题。

假设委托人知道代理人属于职业道德水平较高一类的概率为 p，属于职业道德水平较低的一类的概率则为 $(1-p)$，其中 $p \in [0,1]$。

当委托人选择监督时，其预期收益为：

$$U_1 = 4.5p + 4.5(1-p) = 4.5$$

当委托人选择不监督时，其预期收益为：

$$U_2 = 4.8p - 2(1-p) = 6.8p - 2$$

对于委托人而言，虽然最高的理想收益值是4.8，但由于他无法保证代理人的职业道德水平，所以只有当他选择"不监督"时的预期收益高于选择"监督"时的预期收益时，他才会选择"不监督"，即需要满足：

$$U_1 \leqslant U_2，得到：p \geqslant \frac{6.5}{6.8} = 95.59\%$$

也就是说，当 $p \geqslant 95.59\%$ 时，委托人会选择"不监督"策略；当 $p < 95.59\%$ 时，委托人会选择"监督"策略。由此可见，只有在对代理人绝对信任的情况

下，委托人才有可能不去监督企业的运营，而放心地收取最高的理想收益值。否则，委托人宁愿承担一定的监督成本以防范代理人的道德风险给企业所带来的损失。

委托代理双方博弈模型最终形成的均衡为：

若 $p \geqslant 95.59\%$ ，（不监督，勤奋）（代理人职业道德水平较高），或（不监督，偷懒）（代理人职业道德水平较低）；

若 $p < 95.59\%$ ，（监督，勤奋）。

这种引入概率分布的均衡被称为贝叶斯均衡，此时每个局中人的理性行为不再是用实际收益的最大化来描述，而是用预期收益的最大化来表示。

5.2.4 不完全信息动态博弈模型

很多情况下，博弈都不是一次就完成的，可能会出现有限甚至是无数次的重复博弈过程。

（1）蜈蚣博弈模型

首先，我们来考虑一个完全信息状态下的委托代理双方的动态博弈问题。由于根据已知条件所构造出的博弈树类似于一只多腿蜈蚣，所以这种博弈得名"蜈蚣博弈"，如图 5-5 所示。

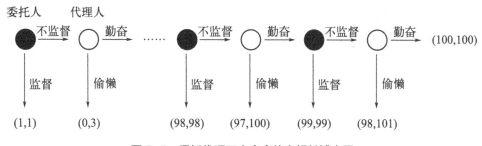

图 5-5 委托代理双方完全信息蜈蚣博弈图

倒退法同样适用于解决这个均衡问题。在最后一个节点上，代理人选择"偷懒"时的收益为 101，大于他选择"勤奋"时的收益 100，因此他将选择"偷懒"；在倒数第二个节点上，委托人选择"监督"时的收益为99，大于他选择"不监督"时的收益98，所以他会选择"监督"；在倒数第三个节点上，代理人选择"偷懒"时的收益为100，大于他选择"勤奋"时的收益99，所以他会选择"偷懒"……以此类推，可知，委托人在博弈一开始时（第一个节点处）就会选择"监督"，此时代理人只能相应地选择"勤奋"，双方将都能获得仅为1的收益。

显然，这种基于个人理性所得出的均衡结果并不是最优的。如果委托人和代理人能够达成一定的协议，使得委托人选择"不监督"，代理人选择"勤奋"，最终双方将获得远大于1的收益——100。

另外，如果假定委托人由于某些意外因素在开始时首先选择了"不监督"，那么在随后的博弈中，即使代理人选择了"偷懒"，委托人也仅仅遭受了1个单位的损失；可是一旦代理人选择了"勤奋"，委托人的收益将达到100。可见，这种成本较低的"冒险"所带来的潜在收益非常可观，值得委托人一试。

（2）不完全信息动态博弈模型

基于上面的分析，接下来将讨论不完全信息状态下的动态博弈模型。

假设委托代理双方都是经济人（理性人），由委托人先做出决策，代理人再采取行动，同样需要明确指出：代理人根据职业道德水平的高低分为两种类型，职业道德水平较高的代理人不是特别注重个人利益得失，而职业道德水平较低的代理人在采取行动时会充分考虑个人收益问题。代理人对于博弈收益情况的影响如图5-6所示。另外，在这个过程中，代理人是具有完全信息的，而委托人具有不完全信息。

设委托人知道代理人属于职业道德水平较高一类的概率为 p，属于职业道德水平较低的一类的概率则为 $(1-p)$，其中 $p \in [0,1]$。

当委托人选择"监督"时，其预期收益为：

$$U_1 = 1 \cdot p + 1 \cdot (1-p) = 1$$

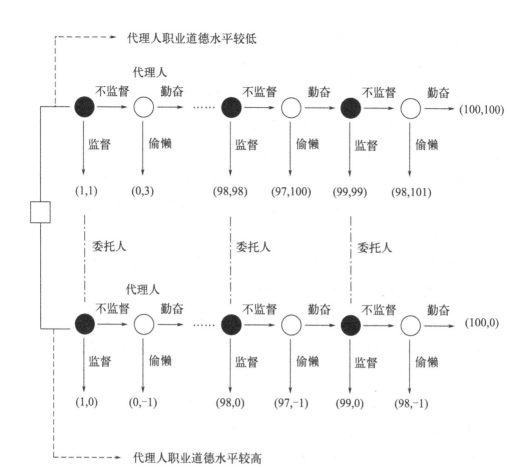

图 5-6 委托代理双方不完全信息动态博弈图

当委托人选择"不监督"时,其预期收益为:

$$U_2 = 100 \cdot p + 0 \cdot (1-p) = 100p$$

对于委托人而言,只有当他选择"不监督"时的预期收益高于选择"监督"时的预期收益时,他才会选择"不监督",即需要满足:

$$U_1 \leqslant U_2,\ 得到:p \geqslant \frac{1}{100} = 1\%$$

也就是说,当 $p \geqslant 1\%$ 时,委托人会选择"不监督"策略;当 $p < 1\%$ 时,委托人会选择"监督"策略。由此可见,委托人只有对代理人有所了解,就不会去监督企业的运营,并且相信代理人能主动地勤奋工作。这个结论虽然听上去有些

令人费解，但是如果仔细推敲还是符合逻辑的。

从委托人的立场来看，委托人选择"不监督"，而代理人选择"勤奋"，这是一个最优的结果，那么委托人就会觉得代理人的职业道德还不错，在下一轮博弈中还是会选择"不监督"。再从代理人的角度出发，即使是职业道德水平较低的代理人，在委托人已给出一个"不监督"的信号时，若选择"偷懒"就可能会被委托人辞退或者委托人转为监督，所获得的收益也只是一时的；而若选择"勤奋"就会被委托人认为职业道德水平较高，极有可能会获得持续的收益，所以不论是何种代理人都应该会选择"勤奋"。这样一种过程，即参与博弈的局中人总是有可能在有限信息的条件下，根据自己从前面的博弈中所取得的经验或回忆来进行后面博弈的决策，从而比较全面地把握整个博弈局势，被称为"边做边学"。

如此一番双向思考，就使得一个看起来有些奇怪的结论变得合情合理。但是，必须强调的是，这种均衡基于一个前提假设，就是委托人在试图去了解代理人时所花费的信息成本是极低的，如此例中的 1 个单位损失。而在现实生活中，信息成本往往是巨大的，在某些情况下可能是委托人难以承受的，所以，这种均衡在实际的委托代理问题中是基本不可能出现的。

通过前面几个模型的讨论和分析，我们可以得知，（监督，勤奋）将会是委托代理双方经过多轮博弈后最可能出现的均衡结果，即委托人监督子公司管理层，同时子公司的管理层也为了获得更多奖励而勤奋工作。同时，企业在聘用中高层管理者时应该以德为先，优先考虑忠于事业、忠于团队、忠于企业的人。

因此建议企业关注道德建设，预防道德风险。道德风险也称为败德行为，是指经济代理人在使自身效用最大化的同时，损害委托人或其他代理人效用的行为。道德风险与人类的道德因素没有太多的关系，因而曾有人建议使用"隐蔽行为"来代替它。在市场经济中，道德风险是一种普遍的现象，它实际上是代理人对自身的隐蔽信息采取的理性反应。

道德风险之所以会产生，是因为代理人拥有自己的隐蔽信息，从而采取有利于自身（或潜在地提高自身效用）的决策。在现实环境中，信息对具体的厂商、消费者等不同的市场主体是非对称的，是不完全的。部分人掌握的信息多，部分人掌握的信息少。一般来说，每个人都会追求自身利益的最大化。这样，掌握信息多的人自然会利用自己的信息优势选择有利于自己，且可能损害信息少的一方的行为决策，这就会产生道德风险。

面对信息不对称时，代理人往往可以选择道德风险行动使自身收益最大化，这多发生在签订委托代理合同后，由于非对称信息的存在，使得合同一方的行为难以观察，从而产生了道德风险问题，它也同样会导致市场的低效。

5.3　激励机制的建立

5.3.1　激励机制的分析

经济人之间的不信任会导致经济效率的降低，委托人与代理人之间的信任关系就构成了公司的灵魂。这种信任体现在两个方面：一是对委托代理合同中承诺或规则的承认和自觉遵守，二是所谓的敬业精神。在实际操作中提高对代理方的信任，降低这种风险，主要采用有效的激励机制。

首先，对企业的委托代理风险进行评估，假设双方的信息是完全对称的，采用帕累托最优风险分担条件。

用 α 表示代理人某一特定的努力程度，$0 \leqslant \alpha \leqslant 1$，$\theta$ 表示不受代理人和委托人控制的外生变量（自然状态）。α 和 θ 共同决定一个可观测的结果 $x(\alpha,\theta)$ 与产出 $\pi(\alpha,\theta)$（如利润），其中 π 可以较准确观察到，假定 $x = \pi$。S 是委托人付给代理人的报酬，其大小与利润的多少有关，S 为 π 的函数 $S=S(\pi)$。C 是代理人努力程度带来的负效果，为 α 的函数，$C=C(\alpha)$。则委托人和代理人的效用函数分别是 $V = V(\pi - S(\pi))$ 和 $U = U(S(\pi) - C(a))$。

若给定 θ 的分布函数 $G(\theta)$，对应每一个 α 都存在一个 π 的分布函数，这样可以用 $F(\pi,\alpha)$ 表示 $\pi(\alpha,\theta)$ 从 $G(\theta)$ 导出的分布函数，其导出的密度函数为 $f(\pi,\alpha)$。

委托人要使收益最大化，即

$$\max_{\alpha, S(x)} \int v(\pi - S(x)) f(\pi, \alpha) \mathrm{d}\pi$$

则要保证代理人从接受合同中得到的期望效用不能小于不接受合同时能得到的最大期望效用 $\bar{u}$，即参与约束：

$$\int u(s(\pi)) f(\pi, \alpha) \mathrm{d}\pi - C(\alpha) \geqslant \bar{u}$$

同时，只有当代理人从选择 α 中得到的期望效用至少不小于其他任何选择 α' 的期望效用时，代理人才会选择 α，也就是激励相容：

$$\int u(s(\pi)) f(\pi, \alpha) \mathrm{d}\pi - C(\alpha) \geqslant \int u(s(\pi)) f(\pi, \alpha') \mathrm{d}\pi - C(\alpha')$$

此时，委托人的问题就是如何根据代理人的行为来决定给予代理人什么样的补偿，和选择与哪些行为相一致的最低成本的激励方案。

目前采用的激励机制即劳动工资，包括两部分报酬：一是一次性支付报酬或固定收入 K，二是按不变工资对代理人的每单位劳动支付的报酬，或按劳分配工资。因此该激励机制的形式为：

$$S(x) = W(x) + K$$

这里，工资 W 等于代理人在最优选择水平 x^* 上的边际产品 $\mathrm{MP}(x^*)$。换句话说，W 需要确定在这样一个水平上，使代理人恰好愿意付出 x^* 水平的劳动。此时，常数 K 被 W 唯一确定，即满足参与约束，于是代理人的效用转化为：

$$\mathrm{Max}\, W(x) + K - c(x)$$

这意味着代理人将选择使他的边际成本等于工资 $W = \mathrm{MC}(x)$ 的 x。于是由于工资是 $\mathrm{MP}(x^*)$，故代理人的最优选择将是 x^*，正好是委托人所期望的理想水平。

5.3.2 衡量激励机制的指标

本书采用下面三个指标来衡量一个激励机制是否合理：① 自愿性。被管理者必须自愿服从，惩罚力度在约束个体接受范围内。② 有效性。在运行前要有人力资源专家对该机制的运行进行评估，并能起到预期作用。③ 盈利性。设计、评估该机制的成本不能超过企业经济承受能力，并且激励力度在企业经营许可范围内。

特别对于中国国有企业而言完善这种机制的必要性非常高，具体表现在：① 国有企业管理状况相对混乱，许多制度是缺乏约束力度的，譬如考勤制等；② 有些子公司管理者为了争取更多年终分红虚报年终利润，而母公司缺乏监管。

5.4　人力资源风险防范案例研究

本章重点分析了企业各种风险中比较特殊的一种风险——人力资源风险。采用数据包络分析方法（DEA）来分析企业的人力资源风险，同时采用层次分析法（AHP）来研究非 DEA 有效的企业的人力资源风险因素，相关的实证研究结果具有很好的理论和实际意义。

本章应用委托代理问题的博弈模型，研究了完全信息下的静态博弈模型、完全信息下的动态博弈模型、不完全信息下的静态博弈模型以及不完全信息下的动态博弈模型四种博弈模型。应用这一模型分析了关于企业人力资源风险管理中的激励机制的相关问题。

本章在基于实证研究的基础上，对企业人力资源风险的不同表现情形都提出了相应有效的评价防范方式，这对于企业控制人力资源风险的过程，具有重要的现实性指导意义。

人力资源风险防范的案例研究如下。

5.4.1　技术行业的员工流失风险管理——谷歌公司案例

谷歌公司（Google Lnc.）是一家美国的跨国科技公司，成立于 1998 年，总部位于美国加利福尼亚州山景城。该公司是字母表公司（alphabet inc.）的子公司，字母表公司成立于 2015 年，通过重组，谷歌公司将核心互联网业务与非互联网业务如自动驾驶汽车等分离开来。

谷歌公司最初以其搜索引擎服务起家，该搜索引擎使用独特的 PageRank（网页级别）算法来确定网页的重要性，从而为用户提供了相关性更高的搜索结果。随着互联网的快速发展，谷歌公司不断扩展其业务范围，涵盖了广告、云计算、软件及硬件产品等多个领域。

在广告方面，谷歌公司的 AdWords（广告关键字）和 AdSense（相关广告）平台为商家和网站主提供了在线广告服务，这也是谷歌公司主要的收入来源之一。在云计算领域，谷歌公司推出了 Google Cloud Platform（谷歌云平台），为企业提供计算服务、存储和数据分析等服务。

谷歌公司还致力于研发各种创新技术，如自动驾驶汽车（Waymo）、人工智能、虚拟现实和增强现实等。此外，谷歌公司还推出了多款流行的硬件产品，如智能手机（Pixel 系列）、智能家居设备（Nest 系列）、笔记本电脑（Pixelbook）和可穿戴设备（Fitbit）等。

在人工智能领域，谷歌公司研发了一系列先进的 AI 模型，如人工智能模型双子座、预测气象灾害的 SEEDS（可扩展集成包络采样器）模型、视频生成模型 Veo 以及基础世界模型 Genie（精灵）等。这些模型在自然语言处理、图像识别、语音识别和预测分析等方面取得了显著的成果，为公司在多个行业中的发展提供了强大的技术支持。

总之，谷歌公司是一家全球领先的科技公司，以其创新的互联网产品和服务改变了人们的生活和工作方式。在不断扩展业务范围的同时，谷歌公司始终秉持"整合全球信息，让人们更便捷地获取知识"的使命，致力于为用户提供更好的体验和更高质量的服务。

对于谷歌公司这样的高科技公司，人才是最核心的资源，因此，人力资源的风险管理对于谷歌公司也是重中之重。以下是谷歌公司人力资源风险防范策略的一些实施内容。

（1）有效的人才选拔机制

谷歌公司的面试过程不仅评估候选人的技术能力和经验，还注重考查其解决问题的能力、团队合作精神和对公司文化的适应性。

谷歌公司会使用行为面试技术（Behavioral Interviewing）来评估候选人如何处理过去的工作情境和挑战。谷歌公司的招聘流程中还包括了文化的契合度评估，确保候选人能够适应公司的创新、自由和开放的工作环境。

（2）多元化的招聘策略

谷歌公司通过举办多样性招聘活动，如女性技术日等活动，来吸引不同性别和背景的候选人。谷歌公司的多元化委员会会定期审查招聘流程，确保不存在潜在的偏见和歧视。

（3）系统的培训和发展计划

谷歌公司提供在线学习平台，如 Google Learning，员工可以随时访问各种培训课程和资源。谷歌公司还会定期举办内部研讨会和讲座，邀请公司内部的专家和外部嘉宾分享最新的行业趋势和技术。

（4）公平的绩效评估体系

谷歌公司的绩效评估体系包括定期的绩效回顾，以确保员工的目标和公司的目标保持一致。谷歌公司鼓励经理和员工进行坦诚的沟通，讨论工作表现和职业发展。

（5）健全的福利和激励机制

谷歌公司的福利计划不仅包括传统的健康保险和退休金计划，还包括灵活的工作安排、带薪产假和家庭关怀假期等。谷歌公司的股权激励计划旨在激励员工长期为公司创造价值。

（6）完善的合规管理体系

谷歌公司设有专门的合规团队，负责监控劳动法律的变化，并确保公司的政策和实践符合最新的法律法规要求。谷歌公司还会定期为员工提供法律合规培训，提高员工对劳动法律的认识。

（7）积极的劳动关系管理

谷歌公司设有员工关系管理团队，负责处理员工的投诉和冲突，确保劳动关系的和谐。谷歌公司还会定期进行员工满意度调查，了解员工的需求和关切，并据此改进管理工作。

（8）安全健康的工作环境

谷歌公司的工作场所设计注重员工的健康和安全，如提供休息室、健身房和瑜伽室等。谷歌公司还会定期进行安全培训，如火灾逃生演练和网络安全培训。

（9）数据保护和隐私政策

谷歌公司设有专门的数据保护团队，负责制定和执行员工数据保护政策。谷歌公司的隐私政策涵盖了员工信息的收集、使用、存储和分享，确保员工个人信息的安全。这些策略和措施的实施细节会根据公司的具体情况和市场需求进行调整，以确保公司的人力资源管理始终保持领先地位。

总之，为了应对员工流失风险，谷歌公司在全球范围内提供了行业内领先的竞争性薪酬福利和职业发展机会，而且谷歌公司非常鼓励员工参与决策过程，提供反馈和建议，增强员工的归属感和满意度。

5.4.2　服务行业的知识流失风险管理——麦肯锡公司

麦肯锡管理咨询公司（McKinsey & Company）成立于 1926 年，是全球领先的管理咨询公司之一。公司由詹姆斯·麦肯锡（James O. McKinsey）创立，总部位于美国纽约，并在全球超过 120 个城市设有办事处。麦肯锡公司提供广泛的咨询服务，包括战略咨询、组织咨询、运营咨询、数字化转型、风险管理、财务咨询等，服务的客户涵盖了各个行业和领域。

麦肯锡公司的成功在很大程度上归功于其独特的企业文化和管理理念。公司强调以事实为基础进行决策，追求卓越和持续改进。麦肯锡公司的咨询师通常具有顶尖的教育背景和丰富的行业经验，他们运用先进的方法论和工具，为客户提供定制化的解决方案。

麦肯锡公司的一些核心服务包括以下几个方面。① 战略咨询：帮助客户制定和实施有效的战略，包括市场进入策略、增长策略、竞争策略等。② 组织咨询：协助客户优化组织结构，提高组织效能，包括人力资源策略、领导力发展、变革管理等。③ 运营咨询：帮助客户改进运营流程，提高生产效率，降低成本，包括供应链管理、生产优化、质量改进等。④ 数字化转型：协助客户进行数字化转型，包括数据分析、人工智能、云计算等技术的应用。⑤ 风险管理：帮助客户识别和管理风险，包括市场风险、信用风险、操作风险等。⑥ 财务咨询：提供财务策略、并购、估值、绩效改进等方面的咨询服务。

麦肯锡公司还通过其研究机构，如麦肯锡全球研究院，进行宏观经济、行业和跨学科的研究，为公共政策和商业战略提供依据。

麦肯锡公司以其专业能力和高质量的服务在全球范围内享有盛誉，是众多企业和政府机构信赖的咨询伙伴。

尽管如此，麦肯锡公司也面临着来自其他咨询公司的激烈竞争，以及市场和技术的快速变化带来的挑战。

麦肯锡公司在全球服务业中占据重要地位，但其业务依赖于专家知识和经验，同样存在着比较大的人力资源风险，重点是存在着知识流失的风险。

麦肯锡公司在人力资源风险管理方面采取了一系列创新和有效的策略和措施，这些策略和措施可以作为其他咨询公司和企业的参考。主要有以下几个关键点。

① 人力资源职能的市场化转型。麦肯锡公司提出将人力资源职能视为一种"商品"，关注客户价值和用户体验。这种转型要求人力资源部门关注不同层次人群的关键诉求与价值主张，并提供市场化、产品化与差异化的服务。

② HR（人力资源）4.0 转型实践。麦肯锡公司深入剖析了某消费品企业的

HR 4.0 转型实践，强调了人力资源在组织变革中的作用，并探讨了如何衡量人力资源自身的价值。这一案例凸显了人力资源在应对市场变化和内部挑战中的重要性。

③ 人效提升。麦肯锡公司强调，企业应充分认识到劳动力生产效率的重要性，提升人效，即劳动者在单位生产时间内创造价值的效率，对于企业的生存和发展至关重要。

④ 员工管理案例。麦肯锡公司在员工管理方面表现出谦逊、信任和透明化的管理风格。公司管理者作为员工的良师益友，他们平等对待每一位员工并予以充分的信任，帮助员工提升业务技能，并为员工提供个人和职业发展的机会。

⑤ 人力资源运营新模式。麦肯锡公司提出了多种新的人力资源运营模式，以适应动荡的商业环境。这些模式包括采用敏捷原则、员工体验驱动，以及适应混合工作模式等。

麦肯锡公司在人力资源风险管理方面的具体方法主要包括以下几个方面。

① 人才吸引与保留。麦肯锡公司通过其强大的品牌和卓越的声誉吸引顶尖人才。公司提供有竞争力的薪酬和福利，以及持续的职业发展机会，以留住最优秀的员工。

② 绩效管理。麦肯锡公司实施严格的绩效管理体系，确保员工的工作表现符合公司的标准。这包括定期的绩效评估和反馈，以及根据绩效结果进行奖励和晋升决策。

③ 领导力发展。麦肯锡公司投资于领导力发展项目，旨在培养当前和未来的领导者。这些项目包括领导力培训、导师制度和领导力实践机会。

④ 组织设计与变革管理。麦肯锡公司根据项目情况，持续优化组织结构，以提高效率和效果，同时确保员工能够在变革过程中保持积极和高效。

⑤ 人才发展。麦肯锡公司提供广泛的培训和发展机会，以提升员工的技能和专业知识。

⑥ 工作环境管理。麦肯锡公司致力于创建一个多元化、公平和包容的工作环境。公司通过多元化的招聘实践、员工资源团体和包容性培训，确保所有员工

都能感到尊重和重视。

⑦ 合规与风险管理。麦肯锡公司确保其人力资源政策和实践符合全球范围内的法律法规。

⑧ 知识管理。麦肯锡公司通过其先进的知识管理系统，确保知识在公司内部得到有效的创建、分享和利用。这有助于减少公司对个别员工的依赖，并促进知识的传承。

⑨ 人力资源数据分析。麦肯锡公司利用数据分析工具来评估和管理人力资源风险。通过分析员工数据，公司能够更好地预测和应对潜在的人力资源挑战。

在面对服务业的知识流失风险方面，麦肯锡公司的策略主要包括以下几个方面。

① 建立知识管理系统。麦肯锡公司通过建立高效的知识管理系统，确保知识在公司内部得到有效的存储、共享和更新，如企业级内容管理系统（CMS）或知识管理系统（KMS）。这样的系统可以帮助公司保留关键知识，即使关键员工离职，公司也不受影响。

② 促进知识共享文化。麦肯锡公司鼓励员工分享知识和经验，通过团队会议、工作坊、内部社交平台等方式促进知识和经验的交流。实施工作轮换，使员工能够获得更广泛的经验和知识。同时，通过团队协作项目，促进不同部门之间的知识和技能交流。

③ 进行交叉培训。通过交叉培训，使员工能够掌握多个领域的知识和技能，减少公司对个别员工的依赖。

④ 实施导师制度。经验丰富的员工可以担任导师，帮助新员工和经验较少的员工快速成长，同时确保知识得以传承。

⑤ 定期进行知识更新和复盘。定期对项目进行复盘，总结经验和教训，确保知识不断更新和迭代。

⑥ 知识产权保护。通过专利、版权、商标等手段保护公司的知识产权，防止知识外泄。

⑦ 签订保密协议。与员工签订保密协议，确保员工在离职后不会泄露公司

的重要知识。

⑧ 建立专家网络。与外部专家和顾问建立合作关系，即使内部专家离职，也能快速补充外部专家知识。

⑨ 利用技术手段。利用最新的技术，如人工智能、大数据分析等，来辅助知识的收集、存储和分析。

通过这些策略，麦肯锡公司有效防范了服务业的知识流失风险，确保公司的核心知识和竞争力得到保护。

这些具体的实施步骤与人力资源风险管理的结合主要体现在以下几个方面。

① 人才保留和知识传承。通过建立知识管理系统和促进知识共享文化，公司能够减少对个别关键员工的依赖，从而降低人才流失带来的知识流失风险。

② 实施导师制度和交叉培训制度。这样不仅提升了员工技能，还有助于建立一种知识传承文化，减少了因员工离职而造成的知识缺口。

③ 合规性和保密性。保密协议和知识产权保护措施，是人力资源风险管理的重要组成部分，旨在防止敏感信息泄露和公司资产损失。定期对员工进行知识产权和保密协议的培训，是确保合规性的关键步骤。

④ 员工发展和满意度。提供职业发展机会和职业路径，有助于提高员工满意度和忠诚度，从而减少员工流失。通过绩效评估和职业发展讨论，公司能够识别和奖励高绩效员工，同时为员工提供成长和发展的机会。

⑤ 组织效能和业务连续性。定期进行知识更新和复盘，有助于提升组织效能，确保公司在不断变化的市场中保持竞争力。建立专家网络和利用技术手段，如云计算等，确保了业务的连续性，即使公司在面临突发事件时也能维持正常运作。

⑥ 风险管理文化的建立。所有这些措施都有助于建立一个风险管理意识强的组织文化，其中每位员工都认识到自己在防范和管理风险方面的角色和责任。

通过这些措施，麦肯锡公司不仅能够更好地管理现有的知识资源，还能够为未来的知识创造和分享打下坚实的基础。这种综合性的方法有助于公司在长期内保持竞争优势，同时降低与人力资源相关的风险。

5.4.3　走向国际化的人力资源风险管理——海尔集团

海尔集团是一家全球领先的家电制造商和服务商，创立于 1984 年，总部位于中国山东省青岛市。海尔集团在白色家电领域享有世界领先地位，是全球第四大白色家电制造商，也是中国电子信息百强企业之首。集团在全球 30 多个国家建立了本土化的设计中心、制造基地和贸易公司，员工总数超过五万人。海尔集团的主要业务覆盖了科技、工业、贸易和金融四大支柱产业。

海尔集团的核心业务包括智慧家居和产业互联网。集团致力于提供美好生活解决方案，旗下拥有海尔、卡萨帝、GE Appliances（通用家电）等全球化高端品牌。海尔集团在全球范围内设立了 10 大研发中心、71 个研究院、35 个工业园、143 个制造中心和 23 万个销售网络。集团坚持自主创牌战略，不做代工，其产品已 15 年蝉联全球大型家用电器品牌零售量第一。此外，海尔作为全球唯一物联网生态品牌，已连续五年入选"BrandZ 全球最具价值品牌百强"榜单。

海尔集团的发展经历了多个战略阶段，包括名牌战略阶段、多元化战略阶段、国际化战略阶段、全球化品牌战略阶段、网络化战略阶段和生态品牌战略阶段。每个阶段都标志着公司对市场变化和用户需求的适应和创新。

2022 年，海尔集团全球营业收入达到 3506 亿元，增长 5.4%，全球利润总额252 亿元，增长 3.7%。2023 年，海尔集团继续聚焦智慧家居和产业互联网两大赛道，推进生态转型、数字化转型和科技自立自强，实现业绩持续稳定增长。集团在全球范围内实现了科技创新、品牌建设、渠道变革、流程再造、数字化转型和人才发展等多个领域的深度变革。

海尔集团的成功归功于其持续的创新能力和对市场趋势的敏锐洞察。集团不仅在国内市场表现出色，其全球化战略和品牌建设也取得了显著成效，成为全球家电行业的标杆。

集团创始人张瑞敏对海尔集团的发展作出了许多重要贡献，主要的关键点如下。

① 创新管理理念。张瑞敏提出并实施了"人单合一"模式，这是一种创新的

管理理念，将员工需求与客户需求紧密结合，鼓励员工自主决策和创新。这种模式在海尔集团内部推动了员工的主动性和创造力，为集团的持续发展提供了动力。

② 品牌建设。在张瑞敏的领导下，海尔集团注重品牌建设，通过提供高质量的产品和服务，成功打造了"海尔"这一全球知名的品牌。集团坚持自主创牌战略，不做代工，使其产品在全球市场上具有竞争力。

③ 国际化战略。张瑞敏积极推动集团的国际化战略，通过在全球范围内设立研发中心、制造基地和贸易公司，使海尔集团成为一家国际化的企业。他的国际化视野帮助海尔集团在全球市场上取得了显著的成绩。

④ 持续创新。张瑞敏强调创新的重要性，推动集团在产品开发、生产流程、管理模式等方面的持续创新。在他的领导下，海尔集团不断推出新技术和新产品，满足了市场需求。

⑤ 企业文化。张瑞敏注重企业文化建设，塑造了一种以客户为中心、以人为本的企业文化。这种文化在海尔集团内部提高了员工的归属感和忠诚度，提高了公司的凝聚力和执行力。

⑥ 人才培养。张瑞敏重视人才培养和发展，通过建立有效的人才培养机制，为公司的长期发展储备了大量的优秀人才。

⑦ 风险管理。张瑞敏在海尔集团的发展过程中，注重风险管理，通过建立内部控制和风险管理体系，帮助集团有效应对外部环境的变化和市场风险。

张瑞敏的领导和管理理念对海尔集团的发展起到了决定性的作用，使海尔集团成为全球家电行业的领导者之一。他的贡献不仅体现在集团的商业成功上，还体现在对企业文化的塑造和对员工发展的重视上。

张瑞敏在推动海尔集团国际化战略中采取了多项具体措施，比较典型的措施如下。

① 全球研发网络。张瑞敏领导海尔集团在全球范围内建立了多个研发中心，如在美国、欧洲、日本等地，以便更好地理解和满足当地市场的需求。这些研发中心不仅专注于技术创新，还致力于了解不同文化和消费者习惯，从而设计出更适合当地市场的产品。

② 跨国并购。在张瑞敏的领导下，海尔集团进行了几项重要的国际并购，例如收购新西兰的斐雪派克（Fisher & Paykel）和美国的通用电气（GE）家电部门。这些并购使海尔集团能够快速进入新的市场和扩大国际影响力。

③ 本地化生产。为了更好地适应不同市场的需求，海尔集团在多个国家设立了本地化的生产基地。例如，在美国、欧洲、印度等地，都设有制造工厂，这样可以在当地市场快速响应并提供定制化的产品。

④ 品牌多元化。张瑞敏推动海尔集团发展多个品牌，以满足不同市场的需求。除了海尔品牌外，还推出了卡萨帝、GE Appliances 等品牌，这些品牌覆盖了从低端到高端的各个市场段。

⑤ 国际化人才战略。张瑞敏强调国际化人才的培养和引进，通过吸引全球各地的优秀人才，提升海尔集团的国际化竞争力。公司实施了一系列人才培养计划，如国际实习生项目、海外工作机会等，以培养具有国际视野的人才。

⑥ 全球营销和渠道建设。在张瑞敏的领导下，海尔集团在全球范围内建立了广泛的销售网络和渠道，包括与大型零售商和分销商的合作，以及通过电子商务平台拓展线上销售。

通过这些措施，海尔集团成功实现了国际化战略，成为一个在全球市场上具有显著影响力的家电品牌。

海尔集团在国际化过程中面临了多方面的人力资源风险，其中包括文化差异、人才保留、激励机制，以及管理模式适应性等方面的问题。

① 文化差异。在海尔集团的国际化进程中，文化差异是一个显著的人力资源风险。例如，在海尔集团收购日本三洋白电业务的过程中，其深刻理解了中日文化差异，并采取了相应的策略来解决这些问题。通过对奖励制度、升迁制度、雇用制度的变革创新，解决了传统日本公司存在的平均主义、论资排辈、终身雇佣等文化现象导致的公司经营问题，贯彻和实践了海尔集团"人单合一"基础之上的文化融合新经营机制与目标。

② 人才保留。在国际化的背景下，人才保留已成为一个重要的人力资源问题。海尔集团通过实施"人单合一"的管理模式，以及"赛马不相马"的用人原

则，创造了一种公平、公正、公开的氛围，建立了一套充分发挥个人潜能的机制。这不仅提升了员工的积极性和忠诚度，还有助于吸引和保留国际化人才。

③ 激励机制。激励机制的适应性也是国际化过程中的导致人力资源风险的因素之一。海尔集团通过市场化的薪酬体系，使员工的收入与市场挂钩，这不仅提高了员工的工作积极性，还有助于激发员工的内在潜能。

④ 管理模式适应性。在国际化进程中，管理模式的适应性也是一个关键的人力资源风险因素。海尔集团通过其独特的管理理念和模式，如"斜坡球体人才发展论"和"变相马为赛马"，成功地适应了不同市场的需求，促进了公司的国际化发展。

为了应对人力资源管理的诸多风险，海尔集团采取了一系列的应对和管理措施，主要有以下几点。

① 制订人力资源规划。海尔集团进行了合理的人力资源规划，包括制订职务编写计划、人员配置计划和人员供给计划，以确保人力资源的有效利用和企业的长期发展。

② 创建科学的留才机制。为了解决人才保留的问题，海尔集团创建了科学的留才机制，这包括改善企业沟通、优化薪酬制度和绩效考核体系等。

③ 建立科学的人力资源开发体系。海尔集团重视人力资源开发，包括对并购企业的人力资源开发和对管理人才的梯队建设，以提升员工的创新能力和适应性。

④ 互联网时代的人力资源管理重构。为了应对互联网时代带来的冲击，海尔集团进行了大刀阔斧的改革。这些改革包括将员工从"经济人"转变为"知识人"，领导从"命令者"转变为"合作者"，以及组织结构的变革，如放弃员工分级制，采用"倒三角"式和网状平台式组织结构。

⑤ 员工价值最大化。海尔集团通过"人单合一"模式，实现员工的价值最大化，激发员工的主动性和创造力。

⑥ 在激励员工方面，主要有三种策略：

a.OEC 模式（目标管理式激励）。海尔集团在 1995 年开创了 OEC 管理模式，即"日事日毕，日清日高"工作法。这种模式要求员工当日工作当日完成，不断追求创新和进步。OEC模式包括日清工作法和区域管理法，旨在形成有序的管理，激励员工多劳多得，生产高质量产品。

b. 自主经营体（阿米巴式激励）。海尔集团采用了类似于日本京瓷的阿米巴经营模式，将员工的目标集中到为用户创造价值上。每个部门都要面对自己的客户，形成"倒三角"式的组织结构。这种模式下，员工必须找到自己的市场定位，明确自己的目标价值，并通过ERP系统进行可视化管理。

c. 小微创业（对赌式激励）。随着互联网时代的来临，海尔集团实施了"企业平台化，员工创客化，用户个性化"的战略。员工激励方式由自主经营体系下的"人单酬"模式发展成小微企业的"对赌激励模式"。对赌实质是指投资方和融资方对于未来不确定情况的一种约定。海尔平台每年会与小微企业达成目标承诺和利润分享空间的协议，根据达成目标的情况进行奖励和利润分享。

海尔集团通过上述激励措施，让集团向互联网时代的平台型企业过渡，即从制造产品转型为制造创客的平台。平台上聚合了海量创客及创业小微，他们在开放的平台上利用海尔集团的生态圈资源实现创新成长。这种组织创新为海尔集团带来了如初创企业一般的发展活力和创新能力。

海尔集团有200多家小微企业，主要分为转型小微和创业孵化小微。这些小微企业在海尔生态圈里，通过模式颠覆、完全市场化机制，实现从小到大的自组织。这种模式激励员工成为创业者，共享创造的价值。

海尔集团采用"同一目标同一薪源"的激励原则，即小微全体成员的薪酬来源于他们创造的价值。这种激励机制鼓励员工创造高价值，并分享由此带来的回报。

这些激励策略不仅改变了员工的世界观，还使员工从被动执行者转变为主动创新者，有效地提升了员工的积极性和创造力。

此外，海尔集团认识到内部控制和风险管理的重要性，并使用先进的技术构建了风险管理信息系统。这有助于公司在外部环境变化中保持竞争力和实现可持续发展目标。

海尔集团还实施了人力资源的 HRSSC（人力资源共享服务中心）数字化转型。海尔人力资源共享服务中心经历了从物理大厅到数字化平台的转型。通过建立以 SAP（思爱普）为主系统的数字化平台，海尔集团实现了人力资源数据的全线上管理，提高了服务效率和质量，为用户提供更好的体验。同时更好地做到人力资源风险防范的数字化赋能。

综上所述，海尔集团在人力资源管理风险防范方面的成功案例，体现了其对员工价值最大化、内部控制、数字化转型、风险管控和人才发展的高度重视。这些案例不仅在海尔集团内部取得了显著成效，也为其他企业在人力资源风险防范方面提供了宝贵的经验和参考。

第六章

国有企业集团风险管理及其实证分析

关于企业集团的定义，管理理论文献中已有较多的论述。企业集团一词起源于日本，其基本含义是指：保持各个参加企业法律上的独立性，依靠共享资本的效率、营业上的效率或者金融上的效率而带来的利益，以高水准地维持各企业的经济效率为共同目的，主要采用股份所有关系、高级管理者派遣等手段结合起来的两个以上企业集合形态。

国内学者一般认为企业集团是以一个实力强大、具有投资中心功能的大型企业为核心，以若干个在资产、技术上有密切联系的企业、单位为外围层，由各成员企业按照自愿、互利原则组成的具有多层次组织结构的大型经济联合组织。或者说，企业集团是在现代企业高度发展的基础上形成的一种主要以母公司为主体，通过产权关系和生产经营协作等多种形式，由众多企事业法人组织共同组成的经济联合体。

企业集团是一种特殊的存在形式，企业出于经营管理等多方面的考虑，为了进行业务的纵向和横向延伸，并辅之以收购、并购等手段，进而形成企业集团。当今中国的企业经过长时间的整合和企业改制后，现代的国有企业其架构基本上形成了企业总体与下属各个版块部门企业协调发展，各管一摊，各司其职，为了企业的整体目标和利益而发展的模式。这和西方国家大企业的发展方式相吻合，在一定时期内有利于我国经济建设和社会主义市场经济的稳定。由于这种方式有一定优势，比如分工明确、责任明晰、便于企业整体管理、适应市场变化等，因此国有大中型企业基本上是沿着这种道路前行。

由于国有企业集团这种存在形式的复杂性，故其运转过程中存在着特殊的风险，如母公司如何根据竞争对手的战略策略选择配置子公司资源而增强集团公司的竞争实力，母公司如何分配投资资金以达到母子公司"1+1=2"甚至"1+1>2"的效果，企业集团如何在人事委托代理链较长、层次较多的情况下通过建立完善的激励机制以平衡代理者和委托者的利益。因而本书将针对国有企业集团的特殊性，重点研究其特殊风险的管理。

6.1 国有企业集团的竞争风险管理

随着企业集团化进程的加速，为了增强其竞争实力，达到整体利益的最大化，各集团公司需要解决两个主要问题，分别是内部问题和外部问题，这也是其面临的竞争风险。从资源分配的角度来考虑就能比较清晰地说明这两个问题：内部问题是指并不是所有的企业集团都能使其母子公司达到"1+1=2"甚至"1+1>2"的效果，在企业集团中，如何协调各公司之间的资源分配，提升集团整体竞争力是企业集团所要考虑的主要问题之一；外部问题就是如何根据竞争对手的战略策略选择，重新配置子公司资源，打出一套漂亮的"组合拳"，使企业集团的利益最大化。

6.1.1 国有企业集团内部资源分配策略分析

企业集团是现代企业高度发展的产物，同时也是竞争的直接结果。企业集团可能在某个地域或某个领域内成为垄断企业，具备绝对的竞争力；企业集团也可能无法获得垄断地位，而是取得类似于寡头的竞争地位，依据竞争对手的行为采取自身的竞争措施。

这里先讨论垄断企业集团的资源分配问题。企业集团由多个子公司组成，其存在的目的就是实现企业集团效益最大化，同时要求每个子公司所获得的收益至少不低于其脱离集团所获得的收益，这样才能保证集团内子公司的竞争力。如果一个企业不能在一个集团中获益，那么它就有可能脱离这个集团。

（1）合作博弈理论基础

集合：联盟博弈 $G=(N,v)$ 中，如果 n 维向量 $x=(x_1,x_2,\cdots,x_n)$ 满足 $x_i \geqslant v(i), i=1,2,\cdots,n$ 且 $\sum_{i=1}^{n} x_i = v(N)$，则称 x 为 G 的分配，其中 x_i 表示局中人 i 得到的份额。全体分配的集合记为 $E(v)$。

核心：设 $x = (x_1, x_2, \cdots, x_n)$ 和 $y = (y_1, y_2, \cdots, y_n)$ 是合作 n 人对策 (N, v) 的两个分配。令 $S \subseteq N, S \neq \Phi$。如果 $x_i > y_i$，$\forall i \in S$ 且 $v(S) \geqslant \sum_{i \in S} x_i$，则称 x 关于 S 优超 y，记为 $x \underset{S}{\succ} y$。如果存在一个 $S \subseteq N, S \neq \Phi$，使得 $x \underset{S}{\succ} y$，则称 x 优超 y，记为 $x \succ y$。

合作博弈分配集中不被其他任何分配优超的分配的全体称为 G 的核心。

（2）理论分析

合作博弈的关键在于分配，并使最终的分配方式能够在最大限度地发挥激励作用。合作博弈要求博弈方采取集团利益最大化而不是个体利益最大化的行为，同时为了保证这种合作的有效性和持续性，还必须保证每个博弈方在集团中所得到的收益不低于单独经营所获得的收益。

合作博弈求解的最终结果就是核心，这是集团分配资源时的最优方案组合。

（3）数值模拟

假设某企业集团下设四个行业的子公司：① 房地产公司，占用资金大，收益高，成长预期不足；② 金融公司，主要从事典当融资等金融活动，占用资金较大，收益高，行业整体发展迅速，但是企业在行业中并不具备核心竞争力；③ 生物医药公司，集团的新兴企业，占用资金少，收益率高，成长预期也高，而且具备核心竞争力，但是目前规模较小；④ 能源资源公司，该公司从事多种矿产资源的开采和运输活动，占用资金一般，成长预期差，收益率低。

目前每家企业都有扩张和保守两种战略选择，M 表示扩张战略，L 表示保守战略。各自的战略选择都会对其他企业的得益产生影响，比如四家企业都选择扩张战略，则会导致集团的资金链紧张，使每个企业分得的资源都不足以支持企业顺利实施扩张战略，最终导致"互输"的局面，四个子公司的战略与得益如表6-1 所示。

表 6-1　四大子公司的战略与得益表

	1	M	M	M	M	L	M	M	L	M	L	M	L	L	L	L	L
企业	2	M	M	M	L	M	M	L	L	L	M	L	L	L	M	L	M
	3	M	M	L	M	M	L	L	M	M	M	L	L	M	L	L	L
	4	M	L	M	M	L	L	M	M	L	L	L	M	L	L	L	M
	1	−2	1	1	1	−1	1	2	−1	2	−1	3	0	−1	−2	−1	−1
得益	2	−1	0	1	−1	1	2	−1	−1	−1	2	−1	−1	−2	3	−1	2
	3	0	1	−2	1	2	−2	1	3	2	3	−1	−1	4	−1	−1	−2
	4	−1	−1	0	0	1	−1	1	−1	−1	−1	2	−1	0	0	1	

根据得益矩阵可以求得合作博弈的支付函数如下：

$$v\{1\}=1, v\{2\}=0, v\{3\}=0, v\{4\}=1, v\{1,2\}=1, v\{1,3\}=1,$$
$$v\{1,4\}=2, v\{2,3\}=1, v\{2,4\}=1, v\{3,4\}=1, v\{1,2,3\}=2,$$
$$v\{1,2,4\}=2, v\{1,3,4\}=3, v\{2,3,4\}=2, v\{1,2,3,4\}=3$$

其特征函数满足超加性，与实际意义也一致，所求得的核心为 {1,1,1,0}，即房地产公司、金融公司和生物医药企业各分配一个单位资源，能源类企业不分配资源，这种分配模式不仅能够使集团的总收益最大化，而且能够保证每个企业的发展积极性，使每个依托集团发展的企业的收益不低于其独自发展所获得的收益。

（4）案例分析

在现实企业集团运营的过程中，企业集团内部由于内部资源分配出现矛盾，导致集团本身出现或大或小的问题。如果出现长期分配不平衡，则很可能会出现子公司出逃的现象，如果资源分配过于集中在母公司或几个子公司，将会引发一系列母子公司管理控制问题，甚至导致整个集团的瓦解。

下面我们列举两个实际的案例分别从这两个方面阐述由于资源分配不平衡导致的母子公司管理控制风险。

① NTT 集团：管理层出现分歧，母公司缺乏有效控制力。NTT（Nippon Telegraph and Telephone Corporation），日本电信电话株式会社，通常泛指由 NTT（控股公司）及其旗下各附属公司组成的 NTT 集团。NTT 集团为日本最大的电信服务公司，是目前日本通信产业最重要的旗舰企业，也是目前世界上首屈一指的通信公司之一，拥有多达 230 家集团下属子公司。

在 21 世纪初，由于大环境的影响及投资决策上的失误，导致 NTT 集团的管理层出现分歧，事态的进一步发展结果是出现了子公司独立的危机，而且是集团内高资本占用、高利润回报的子公司。

在全球性信息技术行业不景气的大环境中，NTT 集团于 2001 财年产生海外投资亏损 1 兆 4000 亿日元（约合人民币 875 亿元）、裁员相关费用 6700 亿日元（约合人民币 418 亿元）和 2 兆日元（约合人民币 1250 亿元）以上的特别亏损。同时也没有跟上"摆脱固定电话"这种收益结构的急剧变化。在这种危机四伏的情况下，NTT 集团的总裁宫津纯一郎于 2002 年 5 月 14 日正式宣布将于 6 月份卸任，继任者为副总裁和田纪夫。NTT 东日本和 NTT 西日本也将由副总裁三浦性、副总裁上野至大分别升任总裁。

集团的指挥塔——NTT 控股公司与最主要的盈利公司 NTT DoCoMo、NTT 通信之间的分歧越来越大。NTT DoCoMo 的总裁立川敬二及 NTT Com 的总裁铃木正诚的留任已经确定。两人均为宫津的有力继任候选人，但是，最终被"第三候选人"的和田摘走了总裁宝座。总裁交替不仅不能使 NTT 集团东山再起，反而会加剧内部的崩溃。

案例点评： NTT 的资源分配集团，与传统意义上我们所认为的资源分配有一定的区别，这里的资源主要是指集团的高管职位。从深层面上说，高管职位的分配直接影响着目前各子公司在集团中的地位以及集团资源未来的分配格局，所以，简单一次职位分配平衡问题，实际上是企业集团目前及未来资源分配平衡问题。受到打击的子公司则可能会选择独立，在集团经营中，特别是类似 NTT 集团这样具有超大规模子公司的集团企业，在资源分配平衡问题上更需谨慎和稳妥。

② 华源集团：资源分配不均及分配失误导致债务危机。华源集团，成立于1992年，是一个不折不扣的市场后来者，凭借着良好的国资背景和发展机遇，更重要的是领导者的雄心、魄力和非凡的开拓精神，不断通过兼并、收购，实现了超高速发展。不到十年，并购了90余家行业重点企业，创造了中国资本市场的奇迹，成为当之无愧的中国医药和纺织行业的巨头。

2005年9月，华源集团由于贷款偿还逾期，在短短几天内遭到了上海银行、浦发银行等十几家机构的诉讼，涉及金额超过12亿元。债权银行冻结了华源下属部分公司和上市公司部分股权，债务危机浮出水面。其后，华源集团重组成为各界关注的焦点。

成立于1992年的华源集团经过大小90多次并购，资产规模从最初的5亿元扩张到危机前的572亿元，成为国内最大的医药集团和最大的国有纺织集团。其最初注册资本金只有1.4亿元，此后股东再未进行追加投资，并购所用资金多为银行贷款。华源的资金链具有天生的脆弱性，这种脆弱对于其并购后的规模、管控能力提出了严峻挑战——如果不能从并购企业的管理中实现稳定、充裕的正现金流，华源的发展模式将难以为继。

然而，大动作的收购和资本市场的得意，却不能阻止问题的蔓延和危机的爆发。本来就先天不足的资金链日益吃紧，并购企业业绩普遍不佳，甚至还在不断下滑，更为可怕的是这种"厄运"还蔓延到集团原有的核心企业。来自资本市场、银行、政府政策性资金等渠道的资金链越绷越紧，全线紧张。华源集团旗下上市公司华源制药"财务造假风波"，银行贷款不能按期偿还，作为股东之一的上海银行把华源推上法庭都是华源资金链紧张，进行调整甚至挣扎的真实写照。

在国家开始宏观调控、银行信贷体制改革加快的情况下，华源实施整合、压缩银行负债的速度没有达到银行收缩信贷规模的要求。个别企业贷款逾期、两家子公司遭到诈骗等事件最终导致了银行集体逼债。据华源内部分析，引起本次资金危机的主要原因有三：原始资本金不足，引起资产负债率长期偏高；短贷长投，导致债务结构不合理，贷款比率过高；公司层层控股，管理链条过长，使个别企业的突发事件对整个集团产生不良影响。

2006年4月，喧嚣近一年的华源集团重组尘埃落定。华润集团获得华源集团70%的股权——正式入主华源。在中国，市场或行业的整合者，特别是整合的冒进者，诸如德隆、格林柯尔似乎都没有"善终"。华源的真正问题是：缺乏系统、强大的母子公司管控能力。高速扩张只是风险急剧放大的同义词，只是危机迅速爆发的导火索。

华源集团的危机表面在于资金问题，但根本其实不在资金，而在于华源的发展战略与其母子公司管控能力——整合、推模、复制和控制能力，严重不匹配。

案例点评：华源集团母公司的管理具有空心化的特征：国有企业集团在上市过程中，一般会分拆子公司进行上市，而上市后的子公司又进行多元化的扩张，从而产生下一层子公司；这样产生的子公司又再进行上市，如此循环往复，导致了母公司的空心化。这样会导致集团股权结构复杂，管理的宽度过大，成本很高，效率却逐步降低，公司运营风险越来越大。从企业资源分配的角度来考虑则是资源分配过于集中在某几个子公司，导致母公司的控制力减弱，而且伴随着资源的集中分配，整个集团的运营风险也随着资源分配集中度的提高而增加。如何合理地、稳健地对集团资源进行再分配，是一个值得企业集团深究的问题。

6.1.2 国有企业集团面向外部的竞争策略分析

在多变的市场环境下，企业往往需要观察对手的经营策略，然后选择自己的策略。这对于集团企业也同样适用，特别是在某个领域或地域范围内，存在多个竞争者的时候，集团企业需要根据竞争对手的情况做出自身的决策。这里以寡头垄断市场结构为例进行分析。

（1）理论基础

假设在某一个市场范围内存在两个寡头，他们之间的竞争是全方位的，涉及集团内部的各个企业，同时在金融、房地产、生物医药和能源上展开竞争，这时不能单纯地以企业集团的总盈利来判断二者的竞争力孰优孰劣。本书以效用模型为基础，提出一种新的模型用以衡量企业集团的竞争力，即在考虑当期效用的基础上，加入每期投资总额的比例来确定竞争力，这里有一个前提就是竞争力更强的集团会拿出更大的投资额。

（2）理论分析

由于当期竞争力的直观反映就是当期资源分配的总效用，所以这里的竞争力评价模型，采用生产函数的形式。但是一个企业竞争力的体现并非"一日之功"，所以，本书在生产模型的基础上，加入了对往期实力的考虑。这里假设，企业竞争力越强，其每年所能拿出的投资预算越多，投资预算直接反映企业的长期竞争力。

$$U_1 = \left(a_1 + \frac{x_1}{1+y_1}\right)^{\alpha_1} \left(b_1 + \frac{x_2}{1+y_2}\right)^{\beta_1} \left(c_1 + \frac{x_3}{1+y_3}\right)^{\gamma_1} \left(d_1 + \frac{x_4}{1+y_4}\right)^{\eta_1} p(x_1 + x_2 + x_3 + x_4)$$

$$U_2 = \left(a_2 + \frac{y_1}{1+x_1}\right)^{\alpha_2} \left(b_2 + \frac{y_2}{1+x_2}\right)^{\beta_2} \left(c_2 + \frac{y_3}{1+x_3}\right)^{\gamma_2} \left(d_2 + \frac{y_4}{1+x_4}\right)^{\eta_2} q(y_1 + y_2 + y_3 + y_4)$$

其中，x_1, x_2, x_3, x_4 表示集团 1 的各个下属公司所分配到的投资额，y_1, y_2, y_3, y_4 表示集团 2 的各个下属公司所分配到的投资额，$x_1 + x_2 + x_3 + x_4 \leq M_1$，$(y_1 + y_2 + y_3 + y_4) \leq M_2$，$M_1$ 和 M_2 分别表示两个集团的投资预算额。p 和 q 分别表示集团 1 和集团 2 的投资转换比例，$\alpha_i, \beta_i, \gamma_i, \eta_i$ 表示各下属企业所分配到的投资额对竞争力的弹性系数，$\alpha_i + \beta_i + \gamma_i + \eta_i = 1$，$i = 1, 2$。例如生物医药的投资收益高，则其相应的弹性系数就高。

求解最优的投资分配方案：

等式两端取对数，并引入拉格朗日函数，构造最优解的求解式，以集团 1 为例：

$$L_1 = \alpha_1 \ln\left(a_1 + \frac{x_1}{1+y_1}\right) + \beta_1 \ln\left(b_1 + \frac{x_2}{1+y_2}\right) + \gamma_1 \ln\left(c_1 + \frac{x_3}{1+y_3}\right) +$$

$$\eta_1 \ln\left(d_1 + \frac{x_4}{1+y_4}\right) + \ln p + \ln(x_1 + x_2 + x_3 + x_4)$$

分别令 L_1 的各阶偏导为零，即 $\dfrac{\partial L_1}{\partial x_i}=0, i=1,2,3,4$。

经变换可得如下矩阵：

$$
\begin{pmatrix}
\beta_1 x_1 - \alpha_1 x_2 \\
\gamma_1 x_2 - \beta_1 x_3 \\
\eta_1 x_3 - \gamma_1 x_4 \\
x_1 + x_2 + x_3 + x_4
\end{pmatrix}
=
\begin{pmatrix}
-\beta_1 a_1 (1+y_1) + \alpha_1 b_1 (1+y_2) \\
-\gamma_1 b_1 (1+y_2) + \beta_1 c_1 (1+y_3) \\
-\eta_1 c_1 (1+y_3) + \gamma_1 d_1 (1+y_4) \\
M_1
\end{pmatrix}
\Rightarrow
$$

$$
\begin{pmatrix}
\beta_1 & -\alpha_1 & 0 & 0 \\
0 & \gamma_1 & -\beta_1 & 0 \\
0 & 0 & \eta_1 & -\gamma_1 \\
1 & 1 & 1 & 1
\end{pmatrix}
\begin{pmatrix}
x_1 \\ x_2 \\ x_3 \\ x_4
\end{pmatrix}
=
\begin{pmatrix}
-\beta_1 a_1 & \alpha_1 b_1 & 0 & 0 \\
0 & -\gamma_1 b_1 & \beta_1 c_1 & 0 \\
0 & 0 & -\eta_1 c_1 & \gamma_1 d_1 \\
0 & 0 & 0 & 0
\end{pmatrix}
\begin{pmatrix}
y_1 \\ y_2 \\ y_3 \\ y_4
\end{pmatrix}
+
\begin{pmatrix}
-\beta_1 a_1 + \alpha_1 b_1 \\
-\gamma_1 b_1 + \beta_1 c_1 \\
-\eta_1 c_1 + \gamma_1 d_1 \\
M_1
\end{pmatrix}
$$

令：$A_1 = \begin{pmatrix} \beta_1 & -\alpha_1 & 0 & 0 \\ 0 & \gamma_1 & -\beta_1 & 0 \\ 0 & 0 & \eta_1 & -\gamma_1 \\ 1 & 1 & 1 & 1 \end{pmatrix}$，$B_1 = \begin{pmatrix} -\beta_1 a_1 & \alpha_1 b_1 & 0 & 0 \\ 0 & -\gamma_1 b_1 & \beta_1 c_1 & 0 \\ 0 & 0 & -\eta_1 c_1 & \gamma_1 d_1 \\ 0 & 0 & 0 & 0 \end{pmatrix}$，

$$
C_1 = \begin{pmatrix} -\beta_1 a_1 + \alpha_1 b_1 \\ -\gamma_1 b_1 + \beta_1 c_1 \\ -\eta_1 c_1 + \gamma_1 d_1 \\ M_1 \end{pmatrix}, \quad
X = \begin{pmatrix} x_1 \\ x_2 \\ x_3 \\ x_4 \end{pmatrix}, \quad
Y = \begin{pmatrix} y_1 \\ y_2 \\ y_3 \\ y_4 \end{pmatrix}
$$

所以，$A_1 X = B_1 Y + C_1$，同理，$A_2 X = B_2 Y + C_2$

联立可得：

$$
Y = \begin{pmatrix} y_1 \\ y_2 \\ y_3 \\ y_4 \end{pmatrix} = (A_2 - B_2 A_1^{-1} B_1)^{-1} (B_2 A_1^{-1} C_1 + B_2 C_2)
$$

$$
X = \begin{pmatrix} x_1 \\ x_2 \\ x_3 \\ x_4 \end{pmatrix} = A_1^{-1} B_1 [(A_2 - B_2 A_1^{-1})^{-1} (B_2 A_1^{-1} C_1 + B_2 C_2)] + A_1^{-1} C_1
$$

双方按此解分配投资额将使集团竞争力最大化，并维持相对稳定的状态。

（3）数值模拟

假设：$p = q = 0.7$

$$M_1 = 24, \alpha_1 = 0.2, \beta_1 = 0.3, \gamma_1 = 0.4, \eta_1 = 0.1, a_1 = 4, b_1 = 5, c_1 = 3, d_1 = 4$$
$$M_2 = 20, \alpha_2 = 0.3, \beta_2 = 0.1, \gamma_2 = 0.3, \eta_2 = 0.3, a_2 = 3, b_2 = 4, c_2 = 3, d_2 = 4$$

计算可得：

$$\boldsymbol{Y} = \begin{pmatrix} 6.98 \\ 0.84 \\ 10.02 \\ 2.16 \end{pmatrix}, \quad \boldsymbol{X} = \begin{pmatrix} 10.27 \\ 2.76 \\ 8.21 \\ 2.76 \end{pmatrix}, \quad U_1 = 81.66, \quad U_2 = 57.26$$

如果在竞争时集团并不考虑竞争对手的情况而仅以自身条件做出决策判断，则所做的决策未必能够达到全局最优，而且会被竞争对手完全掌控信息，处于被动的竞争地位，更有甚者，做出的决策在实际中带来不小的损失。每个子公司也不能单独要求自身利益最大化，需要从全局的角度考虑，甚至可以牺牲一部分利益换取整体利益的最大化。集团应该把几个子公司的投资收益策略联合考虑，选择一个最优策略，使竞争力达到最大。

（4）案例分析——国美电器：寡头竞争中资源分配失误导致市场份额锐减

2008 年国美以 1200 家门店的超大规模握有中国家电市场 18% 的市场份额，排在行业第二位的苏宁拥有 650 家门店，门店数目和销售额仅为国美的 55%。家电市场进入寡头竞争时代。

家电零售商之间的价格之战是时有发生的，低廉的价格就是卖点，就是优势。据有关资料统计，家电行业的毛利率与其他行业相比是极低的，平均水平在5%～6%。国美想要单靠家电零售来赚取利润、实施扩张似乎有点难度。2004 年上市之后，黄光裕建立了国美三根链条式的混业企业集团模式：第一根链条由电器零售和房地产企业构成，这根链条以鹏润房地产、国美电器（上市公司控股65%的子公司）为主，是经营获利的实业基础；第二根链条由从事内部资金调配的投资企业构成，这根链条以鹏泰投资、鹏润投资、国美投资为主，是公司集团内部现金流动的平台；第三根链条由从事资本运作的上市公司构成，承担放大企业集团经营实体财富效应的使命。这才使得国美在短期内脱颖而出，成为家电零售企业的龙头。

国美的主要盈利来源于其经营的房地产，电器零售业可以从供货商处获取巨大的现金流，这些现金流正是投资房地产方面所必需的。用房地产高额回报的一部分填补电器零售的损失，同时又用电器零售业的巨大现金流辅助房地产扩张，如此循环往复，获取巨额利润。但这种模式严重弱化了整个产业的盈利能力，不是长久之道，在不久之后，国美就遇到了一系列的危机。

危机过后，可以很清楚地看到，与 2009 年同期相比，2010 年上半年国美主要竞争对手销售收入增长 31.9%，而国美仅增长 21.6%。2008 年中期，竞争对手销售收入仅为国美整体（包括国美上市公司、非上市公司，大中电器）的 70.09%，但是 2010 年中期，竞争对手收入已经达到国美整体收入的 96.37%。与 2008 年上半年相比，国美盈利能力不升反降，与主要竞争对手相比，盈利能力差距巨大。国美 2010 年上半年经营利润率低于竞争对手 2.27 个百分点，净利润率低于竞争对手 1.74 个百分点，退步与进步之间，反差巨大。与 2008 年同期相比，国美本期运营效率下降较大。2010 年上半年国美存货周转天数为 50 天，而 2008 年同期为 43 天，增加了 7 天，说明当前国美的存货管理水平下降，无效占用公司的流动资金。

案例点评：国美在竞争中丧失主动权的原因是多方面的，既有来自企业内部的影响，又有市场的干预。在多维竞争的环境中，国美没有专注于自己的正当竞争环节，选择了相对失误的竞争维度，而在其他竞争维度中投入又不足，导致其"一招错，满盘输"。选择合适的竞争维度，在竞争维度中贡献必要的投入是寡头企业集团在资源分配决策时必须注意的问题。

6.1.3　结论

企业集团的竞争有别于单个企业的竞争，企业集团要求整体竞争力最强以及整体收益最大化。这是企业集团面临的最关键的竞争风险，其解决方式就是合作博弈和多维博弈。

合作博弈的思想就是保证各子公司在以企业集团为单位的市场竞争中，不仅能够获得不低于单独竞争时的收益，而且能够增强集团的整体实力，为集团内部实行资源配置优化提供借鉴；多维博弈的应用，则是解决在多变的环境中，企业如何根据竞争对手的策略调整各个子公司的竞争策略，从而实现资源的最优配置。

6.2　国有企业集团的投资风险管理

企业的投资风险管理具有其现实的复杂性，而国有企业集团由于存在形式的特殊性，其投资风险更加特殊和复杂，因此本节将重点分析国有企业集团有哪些特殊的投资风险，为了更好地管理这些投资风险，企业集团应建立投资风险管理体系，并采取一些举措。

6.2.1　国有企业集团的投资特殊性

国有企业集团有别于一般企业，它的投资存在特殊性，对于投资项目的选择、风险的评价也需要进行额外的考虑。

（1）资产特殊

国有企业集团，属于国有资产，国有企业集团经营的目的是对国有资产的保值和增值，而投资恰恰是达到保值、增值这一目的有效手段之一。

在日益激烈的市场竞争环境下，国有企业集团的投资环境也不可避免地受到多方面因素的影响，包括投资环境的变动、投资主体对投资项目的认识局限性以及投资活动本身具有的复杂性等。如果对于这些客观主观因素准备不足，就会使得国有企业集团投资风险加大。国有企业集团投资决策的失误，不仅仅会对企业本身的经营造成影响，也会造成国有资产的流失或损失。

由于国有企业集团投资的特殊性，企业在进行投资时对风险的偏好应该更倾向于风险厌恶型，在投资时对资产的安全性有比较高的要求。所以国有企业集团投资风险管理就显得更加重要，加强国有企业集团投资资产监督、保障投资安全是国有企业集团投资风险管理的主要目标。

（2）集团与子公司战略目标偏差

集团的业务有其自身的复杂性，这使得附属公司的投资也存在复杂特性。子公司的投资，往往只会考虑子公司短期或中长期利益的最大化，但通常从集团的全局高度来看，符合总公司战略利益的各分公司的人、财、物等资源配置、附属公司之间关系的协调，可能会有差异。这就需要不断地对各分公司的战略和措施实施宏观指导，协调集团的附属公司和总公司利益冲突的问题，以最大限度来统筹考虑总公司、各分公司利益协调发展的问题，避免挫伤各子公司独立经营的积极性和能动性。制定合理的使总公司和各分公司发展平衡和收益最大化的发展战略。另外，对各分公司应制定明确的战略边界，各分公司都应严格遵守。超越各分公司权限的投资选择须由集团总公司作出决定。

6.2.2 国有企业集团的投资风险管理体系

企业集团的投资风险管理有别于一般企业的管理，企业集团的投资风险管理应该被拆分成集团（或母公司）和子公司两个层面上的管理。两者管理的侧重点各有不同，集团可能更多地侧重于公司治理结构的建设、制度的制定等，子公司则更多的是侧重于组织形成专业的团队或部门来管理投资项目的选择、评价与风险防范。

对于投资风险管理的体系建设，国内学者提出了基于 ERM（企业风险管理）框架的投资风险管理体系，如图 6-1 所示。

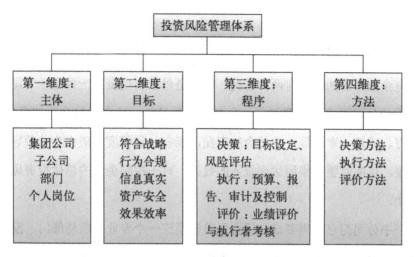

图6-1　基于 ERM 框架的投资风险管理体系

该体系从四个维度阐述了对集团公司投资风险管理的理解，从多个角度来规范该体系。人的因素是投资风险管理的根本所在，管理体系从建构到投资监督和投资执行，都离不开人的参与。所以，强化对人的管理是投资风险管理的第一步工作。无论是投资项目选择还是监督投资项目进程等工作，都要带有目的性。是否有章可循是管理是否形成体系的标志之一，程序的重要性还在于它是目标得以落实的基础；方法维度的问题就是涉及如何选择项目、如何管理约束等。

6.2.3　国有企业集团投资风险管理的关键举措

国有企业集团投资风险防范措施除了本书第四章提到的几点之外，还需要在以下几个方面制定措施。

（1）与国家发展战略和国有资本布局结构调整一致

国有企业集团投资最大的风险是与国家发展战略和国有资本布局结构调整的大局不相符甚至相悖。国有企业集团由于其资产的特殊性，如果将资本、人力、物力投资在一个错误的领域，将直接导致投资的失败，造成不必要的损失，而且由于国有企业的特殊身份，进入并不一致的领域 可能会引起诸多不必要的非议。

（2）设立专门委员会，成立专业职能部门

国有企业集团的投资有两种情况，一种是母公司投资，一种是子公司进行投资。对于母公司而言，需要设立一个专门的委员会，这个委员会行使多项职能，包括监督、建议、审计等。委员会的存在，能在一定程度上防止企业领导"拍脑袋"决策，也能对整个集团达到统筹的效果，对于控制企业的总体投资风险有一定的帮助。

对于子公司而言，需要成立投资风险管理这一个专业的职能部门，没条件的可以成立一个专门的团队，使投资行为专业化。定量化的风险识别、风险分析和评价结合定性分析，制定诸如风险承担、风险转移、风险对冲等风险控制措施，专业的团队将大大降低企业在进行投资时所遇到的风险。

（3）投资行为必须在可控范围之内

国有企业集团的投资可能由多个子公司分散投资，子公司投资失败对企业集团的影响程度视情况而定。子公司投资失败轻则会拖累企业集团的经营业绩，影响企业集团的声誉，重则可能会导致企业集团的亏损和破产。所以，企业的投资行为，必须控制在企业集团的可控范围之内，让企业集团或者子公司有能力应对投资失败带来的最坏冲击。

所谓"量力而为"，实际也是一种危机意识。从金融危机时期企业投资失败甚至倒闭破产的事实中可以看到，很多企业由于没有危机意识，对企业的经营和企业的投资没有做好失败的准备，因此当环境发生剧变时，投资失败对企业造成了沉重的打击。

对于企业集团和子公司来说，除了在投资时量力而为之外，在投资之后的监督与管理中还应该保持良好的沟通，保证信息流通渠道的顺畅。通畅的信息沟通

能够保证企业在遇到投资失败等情况时，能够迅速做出反应，采取相应的措施，减少损失。

（4）强化企业管理层投资问责制

为了避免管理层由于企业集团利益与自身并不直接相关，没有进行必要的投资准备和资料搜集而直接做出投资决策，从而严重影响国有企业集团的投资效率，企业集团需建立投资问责制度。

当然，投资问责制的前提是激励与权责必须相一致，使企业对于投资风险的管理进入良性循环的轨道。

6.2.4 企业集团投资风险案例分析与经验吸取

国有企业集团为了增强其竞争力，提高盈利水平，一般会采取收并购其他相关企业、购买股权和期权，或在国际上进行投资等策略，然而从总体上看，中国一些国有企业集团的投资往往是以失败告终的。这说明这些企业在投资风险上没有充分的预计，投资失败案例频发的背后有其必然性，这为所有有投资计划的企业敲响了警钟。

本书将列举一些典型的投资案例进行概述和分析，其中大部分是投资失败的案例，当然也不乏个别投资成功的案例，以供国有企业集团作为投资风险管理的参考。

（1）差异化并购，而非盲目扩大规模

并购的主要目的是对企业内部产品进行升级，而不是一味地扩大规模。通过并购实现企业的良性运作，在这方面典型的成功案例就是柳工集团收购振冲公司。

并购之前，振冲公司的技术研发、生产制造和企业各方面管理与柳工差距巨大，比如：设计人员仍然用画图板进行产品设计；车间生产没有完整的工艺加工图；管理人员除财务外基本不用计算机，更谈不上联网；起重机产品配套用的

仍然是国家标准已不允许销售的国二系列汽车底盘。但安徽柳工集团看重其起重机产品深厚的生产功底，并能对集团起到差异化的作用，于是果断地并购了该公司。在并购当年柳工集团就迅速完成了对该公司原有起重机产品从设计、生产工艺、制造流程等影响产品质量的环节的全方位改进，还顺利实现了其排放标准从国二到国三的转换，使起重机产品更符合环保发展的需求，打开了柳工起重机进入销售市场的大门；而且针对原来产品质量差、利润低、结构不合理的弱点加大技改投入，优化产品结构、提升产品品质，舍弃了一些小吨位、利润率低的产品，集中优势力量开发市场占有率大的中吨位以上产品，并实现了当年开发、当年生产、当年销售、当年盈利；同时，柳工产品品牌切换圆满结束，产品面貌焕然一新，得到用户广泛认可。2009年柳工起重机市场占有率也由行业第五位提升到第三位。

（2）企业投资不能一味实行多元化战略

巨人集团是多元化战略的积极执行者，以电脑业起家的巨人集团将企业的领域分别延伸到生物工程、计算机和房地产。在1993年前，在生物工程刚刚打开局面但尚未巩固的情况下，巨人集团毅然向房地产这一完全陌生的领域进军。预想在房地产业中大展宏图的巨人集团一改初衷，拟建的巨人科技大厦设计一变再变，楼层节节拔高，从最初的18层一直涨到70层，投资也从2亿元涨到12亿元，而当时巨人集团仅仅有1亿资产规模。

经过几年保健品市场的火热发展后，1996年左右，该市场开始降温，此时，大厦施工三年盖到20层，但由于施工不顺利而没有完工。大厦动工时，为了筹措资金，巨人集团售卖了数千万元期房，并在签订的期房买卖协议中规定，三年大楼一期工程（盖20层）完工后履约，如未能如期完工，应退还定金并给予经济补偿。而当1996年底大楼一期工程未能完成时，建大厦时售卖的数千万元期房就成了巨人集团财务危机的导火索。巨人集团终因财务状况不良而陷入了破产的危机之中。

（3）股权投资时防止对市场预期的判断失误

中国平安集团分别在 2007 年底和 2008 年年初，从二级市场购入约 1.13 亿股富通集团（FORB.BR）股票，2008 年 6 月 26 日又参加配售增持 750 万股，共计持有 1.21 亿股，合计成本为 238.38 亿元人民币。当时由于比利时富通集团爆发财务危机导致股价暴跌，手持富通股票的中国平安投资浮亏超过 157 亿元人民币。中国平安曾试图从分崩离析的富通"躯壳"上进行最后的残值回收，但由于比利时、荷兰及卢森堡三国政府和法国巴黎银行的介入，富通最终还是走上了国有化之路。

此则案例中，中国平安投资失败实际是其对市场预期的判断失误直接造成的。当时美国的次贷危机已经初现端倪，中国平安在意识到投资出现失误的时候没有立即采取补救行为，导致损失进一步加大。

同样的事件还发生在中国投资有限公司，2007 年 5 月，中国投资有限公司斥资 30 亿美元以每股 29.60 美元的价格收购美国黑石集团 1.01 亿股无投票权股份，投资锁定期为 4 年。2007 年 6 月 22 日黑石集团 IPO（首次公开发行）价格为每股 31 美元。但随之而来的是连续股价下跌，截至 2008 年 10 月 9 日，中投公司对于黑石的投资浮亏达 21.10 亿美元，超过 30 亿美元总投资额的 70%。

两者的投资失败都是由于其对市场预期的判断失误造成的，这两起事件实际上也提醒了各国有集团在投资时对市场应该有一个较清晰的市场预期，因为对市场预期的判断失误对企业来说很可能是致命的。另外，在进行投资时可以适当考虑分散或规避一部分投资风险。

（4）防止投资企业类型与企业发展方向不符

这类投资失败案例中，较为典型的是 TCL 集团收购汤姆逊公司的案例。2003～2004 年，TCL 先后收购汤姆逊公司电视、DVD 影碟机业务。

汤姆逊公司拥有的彩电专利，全部集中在传统显像管技术上，对于先进的液晶显示屏技术（LCD）并不存在优势。然而当时欧洲市场上盛行平板电视，可尚未完成整合的 TCL—汤姆逊反应迟缓，致使 TCL 显像管大量积压而亏损，2005

年其仅彩电业务亏损就高达 5.99 亿港元。2005 年一年的亏损就超出 2002～2004 年这三年的利润总计。

这起投资案的失败原因在于 TCL 集团所收购的企业、产品和技术不是企业进一步发展所需要的，而且由于整合时间过长，严重拖累了企业的发展。当然，这种"消化不良"不仅仅是个案，而是普遍存在于中国企业的投资并购事件中。

（5）做好期权交易的风险监督

关于期权交易的投资失败案例，有一个大家耳熟能详的案例：中航油新加坡公司案例。而成功的案例中较为典型的是中信泰富案例。

2003 年，中航油新加坡公司进入石油期权交易市场且获得盈利。但 2004 年，石油价格上涨导致公司潜亏，为挽回损失，该公司采用了头寸展期方案，而油价却继续上涨。截至 2004 年中期，公司账面的浮动亏损已达 3000 万美元，但其仍继续增加持仓。到 2004 年 10 月，该公司持有期权总交易量已达到 5200 万桶石油，远超过了公司每年实际进口量 1700 万桶，此时公司账面浮动亏损已达到 1.8 亿美元，还有 8000 万美元保证金缺口需要填补。至此事件并未结束，该公司仍坚信自己的投资选择，转而向母公司（中航油）寻求资金支持，母公司当时接纳了该公司提出的"内部救助方案"，并筹款补仓。2004 年，公司连续两次被迫在油价高位部分斩仓，造成实际亏损 2.32 亿美元。面对越来越难把握的局面，中航油集团向主管部门请示。国务院国资委最终决定不对该公司进行无原则救助。2004 年 11 月 29 日，该公司申请停牌，并于次日正式向市场公告已亏 3.9 亿美元、潜亏 1.6 亿美元的消息，并向法院申请债务重组。这个案例除了风险预期层面上的失误之外，还有一个更重要的原因就是缺乏有效的监督，致使错误越犯越大，最终不可收拾。这提醒企业在投资风险监管上必须做好充足准备。

与中航油新加坡公司相比，中信泰富则在外汇期权市场上及时止损。中信泰富大股东是国企中信集团，属红筹股，中信泰富又是恒生指数成分股，而香港恒生指数的成分股都属蓝筹股，所以中信泰富集红蓝筹于一身。中信泰富在澳大利亚经营的铁矿项目规模庞大，据估计总投资 42 亿美元，很多设备和投入都必须以澳元来支付。中信泰富为了降低铁矿项目面临的汇率风险，从 2007 年开始便签订若干累计期权合约（即 KOBA 合约）以对冲风险。这是杠杆式外汇合约，在该合约中，由投行设定一个汇率，当市场汇价高于此汇率时，投资者可以低于该汇率水平的价格每天（或合约规定的频率）买入 1 个单位的外汇，这样投资者成本低于市场成本。但当市场汇价低于设定价格时，则投资者必须每天（或合约规定的频率）以该设定价买入 2 个单位的外汇。由此可见，KODA 合约是一个风险与收益不平等的合约，当投资者预测错误时会导致巨大的亏损。2008 年 9～10 月份，澳大利亚储备银行连续两次降息，导致澳元大幅贬值。其实，从 7 月到 8 月短短一个月时间，澳元就已开始出现持续贬值，澳元兑美元跌幅也高达 10.8%，这几乎抹平了 2008 年以来的涨幅。2008 年 9 月 7 日中信泰富察觉到该笔合约带来的潜在风险后，终止了部分合约，但自 2008 年 7 月 1 日至 10 月 17 日，公司已因此亏损 8.07 亿港元。中信泰富在公告中表示，有关外汇合同的签订并没有经过恰当的审批，其潜在风险也没有得到评估，已终止了部分合约，剩余的合同主要以澳元为主。截至 10 月 17 日仍在生效的杠杆式外汇合约按公允价定值的亏损为 147 亿港元。

这两则案例提醒企业在进行金融衍生品投资时需要更加慎重，因为金融衍生品的存在在一定程度上加剧了投资风险。同时加强内部的投资风险监管和建立完善的风险投资预警机制必须提上企业的议事日程。

（6）投资需谨慎对待文化冲突风险

在投资过程中，特别是海外投资中，文化因素也是必须考虑的。上汽集团于 2003 年到 2004 年间，力推另一家中国公司蓝星集团，以 5900 亿韩元（约合 41 亿元人民币）价格，夺得韩国双龙汽车公司 48.92％的股权；而后更增持至 51.3％，并于 2006 年底将其注入旗下的上海汽车集团股份有限公司。为扭转双龙亏损的局面，上汽集团在双龙内部通过采取精减开支、加强管理等一系列措施以增强企业竞争力。尽管双龙汽车 2006 年主营业务实现盈利，且 2007 年整体实现扭亏为盈，但上汽集团此次海外投资却存在诸多隐患。如在被收购后的 4 年中，双龙汽车年产量一直远远低于其他韩国汽车厂商，而平均人工费用远高于竞争对手。其 2008 年汽车总销量比 2007 年减少了 29.6%。从上汽的角度看，收购双龙后的数年，尽管做了减员增效、合资建厂和在中国拓展销售市场等运作，但效果并不好，屡挫屡试，屡试屡败。每一步运作和调整，都与双龙工会不断发生戏剧性冲突，最终成为打不开的死结。

与之形成鲜明对比的，是长虹集团并购韩国第三大等离子制造商 Orion（欧丽安）公司的案例。该案例的成功之处，正是长虹认真对待了可能出现的文化冲突风险。

2006 年 10 月 30 日，长虹集团控股的四川世纪双虹公司，投资了 9990 万美元，并购了韩国第三大等离子制造商 Orion 公司 75% 的股权，变成了该公司等离子核心技术和 300 余项专利的产权人。

长虹看重的是 Orion 公司拥有的全球独家等离子高端技术的研发能力和行业前沿技术开发能力，以及与之相对应的拥有多年经验的研发团队。

长虹鼓励员工为公司创造更多的价值，同时也助力员工自己获得更多的利益。每年长虹与 Orion 公司工会的关于改善工人待遇、提高员工福利的例行谈判，都能顺利达成共识。长虹在韩国创造了与工会零冲突、零罢工的纪录。Orion 公司工会连续 7 年获得了韩国政府无纷争优秀工会的荣誉。

在该项目的投资上，长虹公司非常尊重并购对象原有的企业文化，并积极促进对方的自主经营。同时，在等离子的技术研发上，让并购对象与总部融合发展，形成良好的相互支撑的体系。在人事安排上，长虹基本保持了并购对象原有的人员架构，尤其是在高管的人选上，也打破了从总部派遣高管的惯例，任命在韩国商界和政界拥有一定影响力的韩方人员作为总裁，保持了团队的稳定和文化的融合。

（7）国际价格波动风险

2003 年 8 月开始，由于中国主要产棉区遭遇大雨，棉花大幅减产，加上棉纺行业发展迅猛，国内需求强劲，棉花价格一路走高。2003 年年底到 2004 年年初，中国棉花市场出现一股"炒棉热"。当时有些企业甚至预期棉花要涨到 2 万元/吨以上。中国储备棉管理总公司（以下简称"中储棉"）就是在这个背景下进入国际市场的。2003 年 10 月，中储棉突然决定进口 15 万吨棉花，随后几个月又陆续进口了 10 多万吨。许多业内人士都认为，中储棉突然大量进口，在一定程度上推高了国际棉价。据统计，仅 2004 年 10 月份 328 原棉价格就上涨了 3650 元/吨，涨幅高达 26.17%。这期间，美国纽约棉花期货价格从 58 美分/磅上涨到 80 多美分/磅，涨幅高达 40%。2004 年 3 月份开始，中国棉花价格开始逐渐走低，不少"炒棉"企业相继被套牢，中储棉也在其中，其亏损高达 10 个亿。

6.3 国有企业集团的人力资源风险管理

21 世纪经济发展最重要的就是人才，这一点也被中国国有企业集团所认识。然而由于国有企业集团的特殊性，其不仅要在市场供求原理下从事生产销售活动，而且也要在国家经济整体发展布局下制定战略，生产和经营方式有时会受到制约，这使其在激烈的市场竞争中处于不利地位。另外，国有企业集团薪酬体系单一、缺乏灵活性，人才流动频繁。所以，国有企业集团面临着较大的人力资源风险。这些风险主要包括集团所有者与经营者掌握的信息不对称、人员流失及道德风险等。而且由于国有企业委托代理链较长，层次较多，因此出现委托代理问题的可能性更大。

因此本节主要分析了国有企业集团中存在哪些委托代理关系方面的风险，提出了有利于国有企业人才资源风险管理的几条建议；论述了国有企业 SDLH 集团的激励机制和选拔制度的现状，并以调查问卷的形式统计分析了国有企业 SDLH 集团的委托代理风险及其激励机制。

6.3.1　国有企业集团的委托代理风险成因

前文已分析了处理好委托代理关系的重要性，而国有企业集团存在的形式又比较特殊，因而其在委托代理方面存在着更大的风险，具体来说，这种高层管理者的委任风险主要源于以下几个方面。

（1）企业激励机制不健全

激励是人力资源管理的重要内容，是企业激发员工积极性、主动性和创造性，并以此提高人力资源价值的主要手段。激励机制，是一个组织系统中，激励主体通过激励因素或激励手段与激励客体之间相互作用的关系的总和。一套行之有效的激励机制能在很大程度上促进企业的发展和壮大。而目前我国国有企业集团的激励机制并不健全，往往存在只注重物质激励而不注重精神激励、激励政策不公平、未充分考虑个体差异性等问题。

（2）信息不对称

由于人的有限理性，人们并不可能掌握全部信息。另外，信息在个体之间的分布也不是均衡的。这就直接导致了委托人和代理人对于企业生产经营情况等信息的掌握有所差异，也就为一部分代理人最大化个人利益而降低组织效率提供了可乘之机。

（3）目标不一致

对于企业的经营发展，委托人和代理人的目标不尽相同。委托人一般更注重企业的中长期发展前景，而代理人更关心企业的短期盈利能力，因为这会使委托人在短期内感到满意，从而增加他自身的利益。所以，代理人在做决策时可能会为了短期效益而忽视企业的长远发展。对于企业和委任人而言，这也是一种无形的损失。

（4）约束不完善

在委托代理关系中，委托人和代理人所承担的责任并不对等。代理人掌握企业的经营控制权，却不承担盈亏责任；而委托人恰恰相反。这一前提极大地削弱了委托人对代理人的制约，单方面扩大了委托人的风险。

6.3.2 改进国有企业集团激励约束机制的建议

本书第五章已指出评价一个激励约束机制的好坏可以从三方面考虑：自愿性、有效性和盈利性。国有企业集团完善这种机制的必要性非常高，因为有些国有企业集团管理状况混乱，许多制度缺乏约束力度，譬如考勤制等；有些国有企业集团子公司管理者为了争取更多年终分红虚报年终利润，而母公司缺乏监管。所以本书建议在国有企业集团至少应该从以下四个方面着手建立激励约束机制。

（1）加大惩罚机制的力度

应该通过这一方面，加强国有企业资产代表方、委托方权利的行使力度，避免子公司利用信息不对称玩忽职守、逆向选择，保护国有资产。

（2）完善人力资源评价体系，引入经营者市场

应该由母公司人事部或者聘请社会人力资源咨询公司做第三方，定期对子公司的人力资源进行评价，实行竞争上岗。如果企业经营不善，经过评估发现是管理层的失误，则要进行降级或减薪的处理。

经营者市场是指利用市场供求关系和价格机制的作用对经理阶层进行有效激励和约束的一种机制。长期以来，我国国有企业集团的厂长、经理都是由上级任命，由于多种原因，常常出现用人不当的问题。随着市场经济体制的完善和各项配套措施的实施，应取消由政府部门直接任命企业经理人员的行政办法，积极培育和发展经营者人才市场，成立人力资源评估和审核机构，建立经理资格认证制度，形成一定数量的经理后备队伍。还应加强对经营者业绩的考核，进一步完善考核标准，对有劣迹的经营者，以后不让其再出任总经理，对有绩效的经营者，应给予高报酬且给予荣誉奖励。

（3）将代理人的经济收入与企业利润紧密捆绑在一起

从很多机构对国有企业集团管理层薪酬调查中可以发现，国有企业集团工作人员平均固定工资很高，而与企业利润挂钩的奖金比例稍低，这往往会间接造成他们人浮于事，玩忽职守。所以国有企业集团应降低固定工资水平，提高奖金比例，将委托人的利益与代理人的利益挂钩，并加大审计力度保证年度财务报告的真实性。

6.3.3 SDLH集团的激励机制

（1）SDLH集团简介

SDLH集团是中国某集团公司于1992年投资组建的国有大型一类企业，负责管理该集团公司在S省的非电产业。SDLH集团在工商行政管理部门注册登记的企业有18家，其中属于二级管理级次的企业有16家，属于三级管理级次的企业有2家。集团下属的18家企业中有全资企业15家，控股企业3家；经营范围涉及酒店、房地产开发、生物制药、金融典当、贸易物流等行业，企业集团的整体结构示意图如图6-2所示。

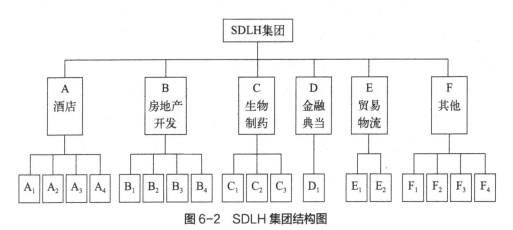

图6-2　SDLH集团结构图

（2）现有的激励机制

① 绩效工资制。目前，国务院国资委根据年度经营业绩考核结果与任期经

营业绩考核结果对省管企业负责人实施奖惩，根据经营业绩考核得分，年度经营业绩考核和任期经营业绩考核的最终结果分为 A、B、C、D、E 五级。

② 员工考核与选拔制度。根据国务院国资委出具的报告，目前，国务院国资委主要是通过对国有企业（公司）进行经营业绩考核（包括年度考核、任期经营业绩考核），并制定相应的奖惩机制来实现对其负责人的激励与约束，管理框架图如图 6-3 所示。

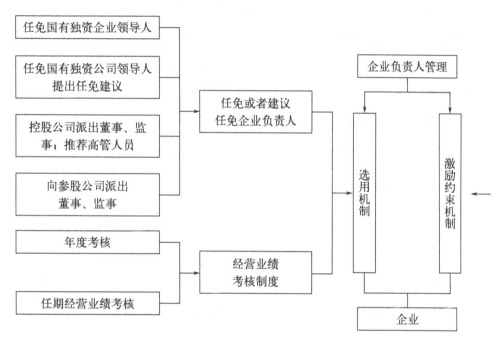

图 6-3　国务院国资委对国有企业负责人的管理框架图

省管企业年度经营业绩考核指标分为基本考核指标和分类考核指标，基本考核指标适应所有省管企业，且考核指标也在不断变化；分类考核指标根据企业所处行业不同而有所差别。2009 年又开始实施对标管理，通过与同行业经营绩效指标对比来确定考核内容和标准。

任期考核指标以三年为考核期，分为经营绩效考核和主要工作考核。其中，经营绩效考核分为三年资本积累平均增长率、三年主营业务收入平均增长率、不良资产比率等。工作考核主要包括风险管理、三项制度改革等七项工作。

6.3.4 关于SDLH集团委托代理关系的调研

本次调研目的是反映国有企业 SDLH 集团的风险管理情况，调研内容侧重于国有企业的委托代理风险研究及激励机制的有效性评价，设计调查问卷（见附录）并最终面向国有 SDLH 集团的中高层管理者发放。在调查问卷这些问题中，评价企业中管理层对目前激励制度的评价的是问题 1、2、3、4、6、7，评价职员努力程度的是问题 5、8、9、10、11、12、13，反映薪酬的是问题 17，企业的利润情况由《S 省国资监管情况分析研究》给出。在对问卷结果的分析中，中级管理层为代理人，高级管理层为委托人，中级管理层包括子公司各级管理层与总公司中级管理层。

本次调查共发放调查问卷 36 份，收回 36 份，经检验全部有效，所有数据都用于结果分析。经过整理问卷的数据，可得出以下一些结论。

（1）基本情况分析

36 名调查对象中，有男性 24 人，女性 12 人。考虑到性别因素可能产生的影响，故在进行数据处理时将男女分别统计分析，如图 6-4 所示。

年龄均在 30 至 60 岁之间，其中 41~50 岁的人数最多，占全部调查对象的 48%；其次是 31~40 岁，所占比重为 33%；比重最小的是 30 岁以下，只有 2% 左右。

最高学历都在高中以上，大专学历有 10 人，本科学历有 20 人，硕士学历有 5 人，博士及以上学历有 1 人。

调查对象年薪均未超过 40 万，其中 10 万以下的占绝大多数，所占比重为 66%；年薪为 10 万~20 万的占 20%；年薪为 20 万~30 万的占 11%；年薪在 30 万~40 万之间的仅有 3%。

调查对象与职业经理人的合作时间均在 1 年以上，甚至大部分都在 10 年以上，占全部调查对象的 42%。调查基本情况如图 6-4 所示。

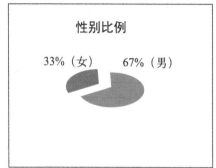

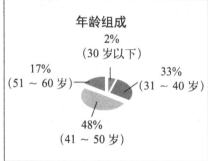

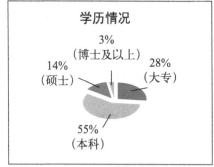

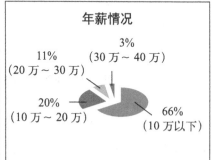

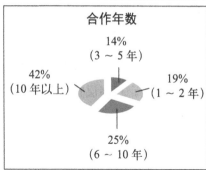

图 6-4　调查基本情况

（2）中级管理层对企业激励制度的评价情况

对集团的激励制度的评价主要从激励机制、对上级能力的认可程度和上司授权激励三个方面进行考察。

首先看中级管理层对激励机制的评价，分别反映在问题 1 和问题 2。统计结果如图 6-5 所示，可以看出大部分员工都认为公司的激励机制较为完善，对于表现好的员工能够给予相应的奖励措施，且男性和女性管理者在这个问题上不存在异议。这说明企业的激励制度受到了大多数管理者的认同，总体而言是比较合理的。

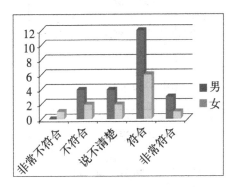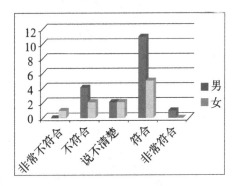

图 6-5　问题 1 和问题 2 的回答数据分布图

再看对上级能力的认可程度，反映在问题 4 上。调查数据（图 6-6）表明，大多数人都认为公司的职业经理人在同行业中的口碑较好，但也有一部分人表示无法确定。其中，女性管理者的回答基本集中于"符合"和"说不清楚"，男性管理者的选择则相对分散，这可能与现任上层管理者的管理风格有一定关系。这说明整体上看，公司内部中层管理者对高层管理者（即总公司的最高管理者）的评价比较高，对上级管理者的工作能力表示基本认可，但高层管理者在某些方面仍然有待改进，尤其要注重对于管理风格的把握。

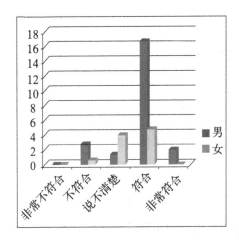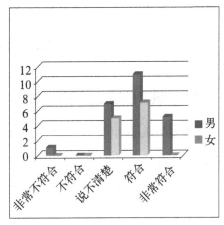

图 6-6　问题 3 和问题 4 的回答数据分布图

上司授权激励方面涉及问题 3、6、7，调查数据如图 6-6 和图 6-7 所示，公司内部的非正式沟通状况基本良好，股东能够认真听取下级员工意见，管理者也表示出对上级的认可。可见，公司在上级授权激励这方面做得比较理想，但也存在一部分管理者对于委托代理双方之间的非正式沟通并不是特别敏感，需要加强重视。

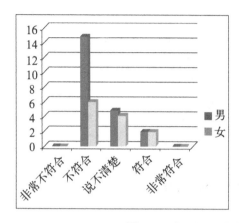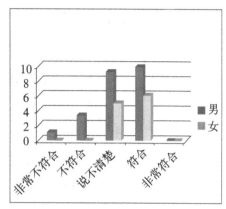

图 6-7　问题 6 和问题 7 的回答数据分布图

根据以上调查结果发现，公司内股东（即总公司）与分公司间存在得到双方认可的授权管理，存在有效沟通，所以子公司管理层对总公司股东评价较高，公司内激励制度充满活力，中级管理层对高层管理者评价较高。

（3）中级管理层（即子公司管理者）努力程度分析

反映中层管理者努力程度的问题分别是问题 5、8、9、10、11、12、13。如果从"德才"的角度出发，问题 5、8、11 分别从企业盈利状况、管理者知识结构两个方面反映了中层管理者的管理能力，即"才"；问题 9、10、12、13 则分别从管理者自身道德与总公司管理层信任程度反映了中层管理者的道德程度，即"德"。

①"才"。

问题 5 的回答情况是：绝大多人都表示在职业生涯中从未给公司的利益造成

较大损失，也有一部分人的回答含糊不清。总体而言，对于这个问题，男性管理者更为自信，甚至有很大一部分人选择"非常符合"，调查数据如图6-8所示。

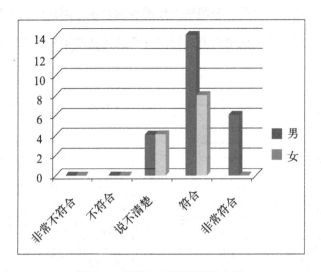

图6-8 问题5回答数据分布图

问题8的回答情况是：大多数男性管理者认为自己具有管理者所需的全部知识。相比之下，女性管理者就没那么自信，她们更多的是选择"说不清楚"，如图6-9所示。

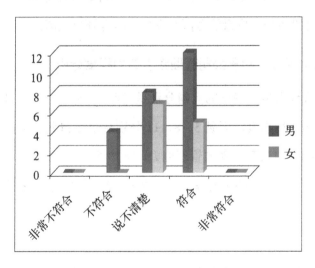

图6-9 问题8回答数据分布图 a

考虑是否与管理者的学历情况有关，又按照管理者的学历高低分别进行讨论，如图 6-10 所示。对于大专和本科学历的管理者而言，选择"符合"或"说不清楚"的占了绝大多数；硕士管理者的选择却是"说不清楚"或"不符合"；调查对象中唯一的一名博士毕业生选择了"符合"。通过这个结果可以发现，学历较低的管理者更为自信，但他们对于自己知识和能力的认识水平并不深刻，有时甚至可能具有自负的倾向，这将会在一定程度上影响企业的正常运转。

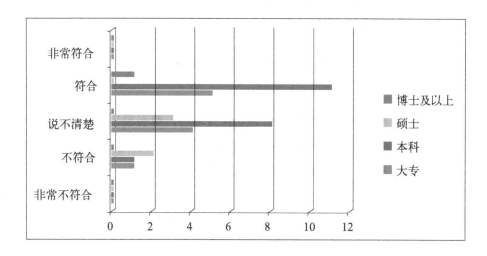

图 6-10　问题 8 回答数据分布图 b

问题 11 的回答情况是：大部分女性管理者都表示在自己从业时期公司的利润为正，而男性管理者在这方面的差别就比较大，虽然大多数选择了能够保证公司的收益，但也有一大部分表示自己曾经导致过公司的亏损。经初步分析，这一现象主要是由管理者的个人工作能力及经验所致，但同时也必须强调男性和女性管理者不同管理风格对此的影响，如图 6-11 所示。

从管理者能力总结来看，大部分管理者都具有管理方面的基本知识，在其职业生涯中几乎从未给公司造成过重大的损失，而且能够尽可能地保证公司的利润和收益。由此可见，中级管理层的管理能力较强，符合"才"的要求。

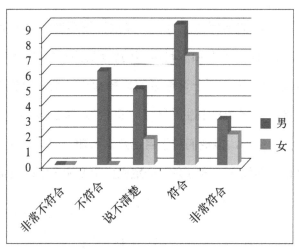

图 6-11　问题 11 回答数据分布图

② "德"。

问题 9 的回答表明，无论男性还是女性管理者，都表现出对企业利益的关心，即使在回报不明显的情况下也会尽心尽力地工作，而且这一点在与股东合作时间较长的管理者身上表现得更为明显，如图 6-12 所示。

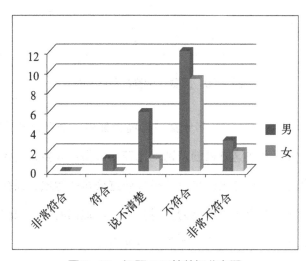

图 6-12　问题 9 回答数据分布图

问题 10 的回答表明，绝大部分管理者都表示能够信守并履行对于股东的承诺，且不会因性别而有所差异。但是管理者的履约情况可能会受到工作年限的影响，有一部分与股东合作时间在 1~2 年的管理者表示可能不会完全履行对于股东的承诺，如图 6-13 所示。

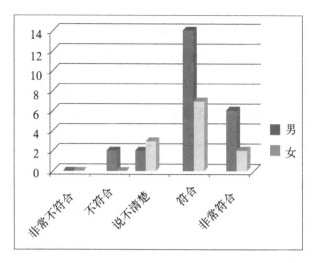

图 6-13　问题 10 回答数据分布图

再看一下总公司高层管理者与中层管理者间的信任程度，反映在问题 12、13 中。

问题 12 的回答表明，绝大部分男性管理者都认为高层管理者对自己很信任；而在这个问题上，表示认同和说不清楚的女性管理者各有 50%。虽然调查结果因性别因素产生一定分歧，但仍不能完全认定女性管理者不容易得到股东的信任，很有可能是一部分调查对象受到谨慎等性格因素的影响，如图 6-14 所示。

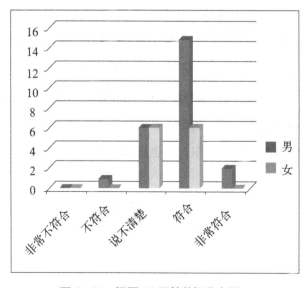

图 6-14　问题 12 回答数据分布图 a

考虑到管理者获取股东信任的情况可能与管理者在公司工作的时间有关，故按照管理者与股东合作的时间长短将管理者划分为四组，分别是合作时间在1~2年、3~5年、6~10年和10年以上的（所有调查对象与股东合作的时间没有低于1年的，所以将其剔除）。随后再按照这四组分别进行统计，如图6-15所示。

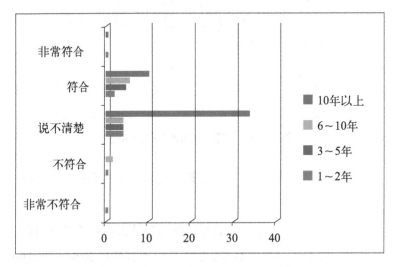

图 6-15 问题 12 回答数据分布图 b

统计结果表明与高层管理者合作时间在10年以下的管理者大多都表示股东对于自己很信任，而绝大多数工作时间在10年以上的管理者却表示"说不清楚"，这一点似乎不太合常理。经初步分析，造成这个结果的原因可能有以下两点：一是调查问卷的样本含量少，不能充分反映这一问题；二是委托代理双方经过多年的博弈，亦敌亦友，彼此十分熟悉，这种微妙的委托代理关系使管理者在处理企业的经营事务方面持保守态度，在做决策之前往往会考虑一下个人能力水平和利益得失，而且他们认定股东对此也应该有所了解，对于自己并不是百分之百的信任。

问题13的回答表明，绝大多数管理者都表示对自己的职业经理人非常信任，而且这一结果几乎不受到性别和合作年限的影响，如图6-16所示。这似乎与上一问题的结论背道而驰，但通过对比可发现，在上一问题中，管理者是作为代理人的身份出现的，而在这一问题中，管理者（高层管理者）却充当了职业经理人

（中层管理者）的委托人的角色。现实世界的信息不对称和委托人在博弈过程中的"先行优势"，导致了委托人可以信任代理人，代理人却对这份信任的真实程度有所怀疑，而且这种现象会随着双方博弈次数的增加逐渐明朗化。

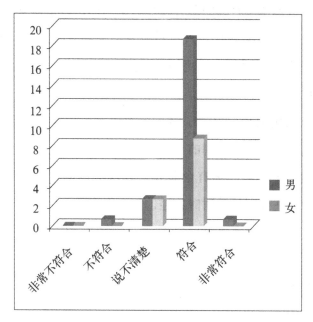

图 6-16　问题 13 回答数据分布图

通过"德""才"方面的分析说明，管理者在不具备完全信息的情况下仍能努力工作，以企业长期利益为出发点考虑为其奉献，同时与高级管理层间形成了较为良好的信任关系。由此可以判定公司的中层管理者具有较强的工作能力和较高的职业素质，可以称得上是"德才兼备"。这份良好的信任关系是委托代理双方前几次博弈的结果，也是下阶段多轮博弈的基础，如何能够继续维持这份信任，并且进一步增加双方的收益，促成双赢的局面，依旧是值得管理者注意和深思的问题之一。

（4）建议与意见

通过第三节对于企业组织结构和现状的分析，以及调查问卷结果表明，目前国有 SDLH 集团的人事风险能够达到理想的控制状态。但这并不意味着

SDLH 集团一定不存在委托代理风险，只是人员安排比较合理，引发风险的可能性相对较小。

为了进一步加强委托代理风险的防范，针对国有 SDLH 集团企业风险管理，特别是委托代理风险管理的现状和存在的问题，提出以下几点建议：

首先，通过派驻董事等代表人员对企业中高级管理层进行监督，保证母公司的控制权，在聘用时注意选用道德素质高的员工，保证了企业在运行中不会出现道德风险的问题。

其次，企业的激励制度得到了中高层管理者的满意，并且通过高于 S 省同级别的薪酬水平，满足了他们的"尊重需求"。

最后，构建一个完善的国有企业委托代理风险的预警机制和控制体系，对于可能发生的委托代理风险时时监控，防患于未然。

6.4 小结

企业集团已经成为公司形态发展的主流，而随着集团母子公司规模和多元化程度的不断提高，公司在制定和执行战略方面都面临着越来越明显的系统性和复杂性，因而面临的各种风险也越来越多。在前面几章对于企业风险的各个方面进行了详细的分析之后，本章按照前面几章的研究方向重点分析了国有企业集团的风险问题。

首先，基于国有企业集团竞争风险的特殊性，本章提出了运用合作博弈思想解决各子公司间的资源分配问题以及采用多维博弈思想制定集团公司的整体竞争战略，并列举了若干实际的案例，用来阐述资源分配不合理导致的母子公司管理控制的竞争风险。其次，本章分析了国有企业集团投资风险的成因，建议建立投资风险管理体系，并试着提出了投资风险管理的关键举措，最后列举了一些国有企业集团失败和成功的投资案例，这些案例成败的原因不同，因而对今后其他国有企业的投资决策具有借鉴作用。再次，本章分析了国有企业集团中存在哪些委托代理关系方面的风险，提出了有利于国有企业人才资源风险管理的几条建议。最后，本章论述了国有企业 SDLH 集团的激励机制和选拔制度的现状，并以调查问卷的形式统计分析了国有企业 SDLH 集团的委托代理风险及其激励机制，这对于我国的其他国有企业集团的激励机制的建立与改革具有一定的现实借鉴意义。

第七章

结论与展望

随着全球经济的不断发展，企业集团所处环境的复杂性和变化性在不断加大，企业如何在瞬息万变的经济环境中生存发展，企业风险的控制是一个关键的方面。

本书通过对企业风险的具体分析与研究，对企业的风险评估与降低提出了一些建设性的建议，尤其是对于国有企业集团进行了一些实证研究，希望能为我国的国有企业集团的风险管理提供新的思路和方法。

7.1　研究结论

本书的研究主要是关于企业风险的评估与控制，以下是本书的主要研究内容，也是本书的主要特色。

①　由于风险的复杂性以及企业风险的广泛性，本书首先对风险的定义以及企业风险的内涵提出了自己的理解并进行了概述，然后基于国内对于企业风险管控的研究，将企业风险分为竞争风险、投资风险以及人力资源风险三个主要部分，并对人力资源风险的重要性进行了重点强调，这是以往的企业风险管控理论与研究所不重视的部分，也是本书的一个创新点。

②　对于企业的竞争风险，本书将竞争风险与竞争力相联系，通过分析企业竞争力的关键以及强弱来分析企业的竞争风险，认为企业可以通过发现自身竞争力的不足、提高自身核心竞争力以及企业的综合素质，最终做到有效地提高企业应对各种竞争风险的能力，大幅度地降低企业的竞争风险。而且在此过程中综合运用了各种方法来进行企业竞争力的评估，包括数据包络分析方法（DEA）、聚类分析、脸谱图以及 TOPSIS 方法等，有效地将定性方法与定量方法联系起来，这也是本书的创新点之一。

③　企业的投资风险管理具有其现实的复杂性，本书从投资风险的成因入手，讨论了大量的投资风险测量方法，包括投资报酬变异系数法、模糊综合评估法以及基于 BP 神经网络的投资风险测度法等，并使用基于 AHP 与 BP 神经网络测度

法进行了数值模拟。不仅如此，本书还介绍了大量的投资项目评价选择方法，包括相对经济效果选优法、全部经济效果选优法、风险程度大小选优法、数学模型选优法等，尤其是将定性与定量的方法结合起来，阐述了如何用层次分析法与数据包络分析法的集成来对投资项目进行选择。对于企业投资风险的防范措施方面，本书提出了各种有效的措施，尤其是介绍了如何利用 BP 神经网络来构建企业的风险预警系统。这些也都是本书的创新之处。

④ 关于企业的人力资源风险，这是本书研究的一个重点。对于企业的人力资源风险以及其中关键的委托代理问题，本书利用大量的数理分析方法，包括数据包络分析法（DEA）、层次分析法（AHP）、各种基于信息是否完全以及状态是否静止的博弈模型，打破了对于风险分析以定性为主的研究局面，定量模型的加入使得风险的分析更具客观理性。这种定性与定量结合的方式，也是本书的一个重要的创新。

⑤ 基于国有企业集团风险的特殊性，本书分别运用了合作博弈思想解决各子公司间的资源分配问题，采用了多维博弈思想制定集团公司的整体竞争战略来分析国有企业集团的竞争风险；本书提出了国有企业集团投资风险管理的关键举措，对我国国有企业的投资决策具有指导作用；本书分析了国有企业集团中存在哪些委托代理关系方面的风险，并提出了有利于国有企业人才资源风险管理的建议；并且，本书通过对国有企业 SDLH 集团激励机制和选拔制度的现状进行研究，将理论与实践有效地结合起来。理论联系实际，用理论指导实践，这也是本书的一大特色与创新。

7.2　今后工作的展望

在本书研究基础上，可进一步分析跨国公司的风险管理问题。在全球经济一体化的背景下，集团公司将更多地面临国际市场，从而会进一步发展为跨国公司。跨国公司在管理过程中所面临的挑战会更复杂，风险管理问题也会更突出。

在构建区域内部母公司与子公司之间的桥梁方面，我国企业的成熟有效经验甚少，尤其是在人才管理（TM）和全球人才管理（GTM）方面。今后研究工作可扩展到全球视野。

此外，今后应根据变化了的国内国际情况，获取不同行业一手的各公司和各分公司的经营和内部财务数据，展开分析研究。

今后还将应用复杂系统理论对公司内部发展规律展开研究，找到其复杂性和演变规律。

在全面降低公司经营风险课题上，今后也将采用实验计算等方法对公司的运营展开前瞻性研究。

关于 SDLH 集团委托代理及激励机制的调查问卷

1.公司有完善的激励机制，对表现好的员工有相应的奖励措施。

非常不符合	不符合	说不清楚	符合	非常符合

2.公司的激励机制有比较好的激励效果。

非常符合	符合	说不清楚	不符合	非常不符合

3.公司上下级之间有存在良好的非正式沟通。

非常不符合	不符合	说不清楚	符合	非常符合

4.本公司的职业经理人在同行中具有较好的口碑。

非常不符合	不符合	说不清楚	符合	非常符合

5.本公司的经理人在从业生涯中没有给公司利益上造成较大损失。

非常不符合	不符合	说不清楚	符合	非常符合

6.公司股东较少听取下属建议，通常自行作出决策。

非常不符合	不符合	说不清楚	符合	非常符合

7.在问题出现时，公司股东会协助您找到问题的解决方法，而非告诉您应该怎么做。

非常不符合	不符合	说不清楚	符合	非常符合

8.作为职业经理人，你具有管理一个企业所需要的全部知识。

非常不符合	不符合	说不清楚	符合	非常符合

9.为了企业的长期利益着想，你会在回报不明显的前提下为企业尽心尽力。

非常不符合	不符合	说不清楚	符合	非常符合

10. 对于给予公司股东的承诺，你会严格遵循或信守。

非常不符合	不符合	说不清楚	符合	非常符合

11. 在您为公司担任职业经理人期间，公司年利润始终为正。

非常不符合	不符合	说不清楚	符合	非常符合

12. 公司股东对您很信任。

非常不符合	不符合	说不清楚	符合	非常符合

13. 您对您的职业经理人很信任。

非常不符合	不符合	说不清楚	符合	非常符合

下面是您的基本信息，请配合填写，我们会对您的资料绝对保密

◆14. 您的性别：□男　□女

◆15. 您的年龄：

　　□ 30 岁以下　　　□ 31～40 岁　　　□ 41～50 岁

　　□ 51～60 岁　　　□ 60 岁以上

◆16. 您所获得的最高学历：

　　□高中及以下　　　□大专　　　　　□本科

　　□硕士研究生　　　□博士研究生及以上

◆17. 公司职业经理人的年薪：

　　□ 10 万元以下　　□ 10 万～20 万元　　□ 20 万～30 万元

　　□ 30 万～40 万元　□ 40 万元以上

◆18. 您与职业经理人 / 股东合作的年数：

　　□ 1 年及以下　　　□ 1～2 年　　　　□ 3～5 年

　　□ 6～10 年　　　　□ 10 年以上

参考文献

[1] Mowbray A H, Blanchard R H, Williams C A, Jr. Insurance[M]. 4th ed. New York: McGraw-Hill, 1995.

[2] Williams C A, Jr, Heins R M. Risk Management and Insurance[M]. New York: McGraw-Hill, 1985.

[3] March S, Shapira Z. Managerial perspective on risk and risk taking[J]. Management and Science, 1987, 33(11): 1404-1418.

[4] Bromiley P. Form Embedded Knowledge to Embodied Knowledge: New product Developments Knowledge Management[J]. Journal of Marketing, 1998, 62(4): 1-12.

[5] Markowitz H, Sharp A. A Knowledge-based System of identifying Potential Project Risks[J]. International Journal of Management Science, 1998, 26(5): 623-638.

[6] Rosenbloom J S. A Case Study in Risk Management[J]. Prentice Hall, 1972.

[7] Crane F G. Insurance Principles and Practices[M]. 2nd ed. New York: Wiley, 1984.

[8] 王明涛. 证券投资风险计量、预测与控制 [M]. 上海：上海财经大学出版社, 2003.

[9] Knight F G. Toward a model of risk in declining organization: an empirical examination of risk performance and decline[J]. Organization Science, 1996, 7: 524-543.

[10] Knight F G. Measures of risk[J]. Journal of Banking&Finance, 2002, 26: 1253-1272.

[11] Clark C J, Varma S. Manage risk in Product and Process development and avoid unpleasant surprises[J]. Engineering Management journal, 1995, 2: 35-38.

[12] Haynes P. Multivariate Date Analysis[M]. 5th ed. UK: Prentice Hall International, 1998.

[13] Miller R, Lessard D. Understanding and managing risk in large engineering projects[J]. International Journal of Project Management, 2001, 19(8): 437-443.

[14] 弗兰克·J. 法博齐. 投资管理学 [M]. 北京：经济科学出版社, 1999.

[15] 胡宣达, 沈厚才. 风险管理学基础——数理方法 [M]. 南京：东南大学出版社, 2001.

[16] Williams T M. Risk management infrastructure[J]. International Journal of project Management, 1993, 11(1): 5-10.

[17] Turner, Jr. The Hand book of Project based Management[M]. UK: McGraw-Hill Maidenhead, 1992.

[18] Smith P G. Managing risk as Product development schedules shrink[J]. Research Technology Management, 1999, 42(5): 25-33.

[19] Fiegenbaum A, Thomas H. Strategic risk and competitive advantage: an integrative Perspective[J]. European Management Review, 2004, 1: 84-95.

[20] 郑子云, 司徒永富. 企业风险管理 [M]. 北京：商务印书馆, 2002.

[21] March J G, Shapira Z. Managerial perspective on risk and risk taking[J]. Management and Science, 1987, 33(11): 1404-1418.

[22] Courney H, Kirkland J. Strategy under Uncertainty[J]. Harvard Business Review. 1997, 75(6): 67-80.

[23] Kent D M, Michael J L. Corporate risk-return relations: returns variability versus downside risk[J]. Academy of Management Journal. Feb96, 39(1): 91-123.

[24] James M C, Ruefli T. Strategic risk: a statedefine approach[J]. Journal of the Operational Research Society, 1997, 48(7): 761.

[25] Frank L W, James L B. Reframing strategic risk[J]. SAM Advanced Management

Journal, 1997, 62(4): 13-22.

[26] Chatterjee S, Wiseman R. Integrating Behavioral and Economic Concepts of Risk into Strategic Management: the Twain Shall Meet[J]. Long Range Planning, 2003, 36: 61-79.

[27] 史蒂文·J. 鲁特. 超越 COSO 强化公司治理的内部控制 [M]. 北京：中信出版社, 2004.

[28] 谢科范. 企业风险管理 [M]. 武汉：武汉理工大学出版社, 2004.

[29] COSO 网站. COSO-ERM EXECUTIVE SUMMARY-CHINESE SIMPLIFIED [EB/OL]. http://www.coso.org.

[30] 胡为民. 内部控制与企业风险管理——实务操作指南 [M]. 北京：电子工业出版社, 2007.

[31] 魏海燕, 袁建昌. 职业经理人激励与约束的理论依据探析 [J]. 工业技术经济, 2006(2): 135-137.

[32] 张涛, 马虹娟. 论企业竞争风险 [J]. 价值工程, 2004(5): 84-86.

[33] Budd J L. Characterizing risk from the strategic management perspective[B]. 1994.

[34] 卜华白. 企业竞争战略选择中的风险分析 [J]. 经济研究导刊, 2006(1): 32-36.

[35] Hendricks K B, Singhal V R. The effect of supply chain glitches on shareholder wealth[J]. Journal of Operation Management, 2003, 21(5): 501-523.

[36] Kevin B H, Vinod R S. An Empirical Analysis of the Effect of Supply Chain Disruptions on Long-Run Stock Price Performance and Equity Risk of the Firm [J]. Production and Operation Management, 2009, 14(1): 32-52.

[37] Svensson G A. Conceptual Framework for the Analysis of Vulnerability in Supply Chain[J]. International Journal of Physical Distribution & Logistics management, 2000, 30(9): 731-749.

[38] 倪海燕, 李海婴, 燕翔. 供应链风险管理与企业风险管理之比较 [J]. 物流技术, 2004(10): 40-42.

[39] 胡金环，周启蕾．供应链风险管理探讨 [J]．价值工程，2005(3): 36-39.

[40] 马士华，林勇．供应链管理 [M]．北京：机械工业出版社，2020.

[41] 孟刚，李波．企业竞争情报工作中的风险及其防范 [J]．情报科学，2008(12): 1783-1876.

[42] 刘海潮，张宝林．基于收益模糊变动的竞争风险评价模型研究 [J]．中国管理科学，2005, 13: 568-570.

[43] 刘海潮，李垣，孙爱英．战略风险管理的理论方法及其发展 [J]．西安交通大学学报（社会科学版），2002, 22(4): 33-38.

[44] 金碚．企业竞争力测评的理论和方法 [J]．中国工业经济，2003(3): 6-14.

[45] 阎铭，彭华涛．试论竞争锁定与企业竞争风险防范 [J]．全球科技经济瞭望，2004(8): 34-36.

[46] 柳键，叶影霞．供应链风险管理的研究与对策 [J]．工业技术经济，2007, 26(12): 95-98.

[47] 桑圣举，王炬香，杨阳．供应链风险管理的研究与发展 [J]．工业技术经济，2006, 25(9): 117-121.

[48] 吴军，李健，汪寿阳．供应链风险管理中的几个重要问题 [J]．管理科学学报，2006, 9(6): 1-12.

[49] 肖美丹，李从东，张瑜耿．基于未确知模糊理论的供应链风险评估 [J]．软科学，2007, 21(5): 27-30.

[50] Tang C S. Perspective in supply chain risk management[J]. International Journal of Production Economics, 2006(103):451-488.

[51] 曹如中，刘长奎，曹桂红．企业竞争情报工作风险识别及控制研究 [J]．图书与情报，2010(4): 30-34.

[52] 王继红．关于企业投资风险的理性思考 [J]．合肥工业大学学报（社会科学版），2002, 16(3): 59-62.

[53] 孙文杰，孙文霞．浅议企业投资风险 [J]．商业研究，2002(8): 15-16.

[54] 贾创雄，冯媛．企业投资风险及其控制 [J]．会计之友，2006(2): 53-54.

[55] 陈霞 . 企业投资风险的成因分析及控制对策 [J]. 会计之友 , 2007(9): 34-36.

[56] 樊艳琴 . 刍议企业投资风险及其防范 [J]. 商场现代化 , 2007(9): 168-168.

[57] 朱冬辉 . 企业投资风险管理若干问题的研究 [J]. 南方金融 , 2007(1): 32-34.

[58] 符学忠 . 关于企业投资风险的探析 [J]. 中国高新技术企业 , 2009(10): 87-88.

[59] 王关义 . 企业投资风险 : 衡量与控制 [J]. 数量经济技术经济研究 , 2000(3):
    68-70.

[60] 潘秀丽 . 企业投资失败的原因分析与投资风险控制研究 [J]. 中国总会计师 ,
    2007(2): 26-27.

[61] 李天鸥 , 王恭伟 . 防范企业投资风险的关键在于加强对企业的投资管理 [J].
    经济参考研究 , 2008(6): 31-32.

[62] 王薜刚 . 人力资源风险管理的理论研究与实证分析 [D]. 武汉 : 武汉理工大学 ,
    2004.

[63] 黄云志 , 黄建强 . 企业人力资源风险存在的理论基础 [J]. 现代企业 , 2005(8):
    61-62.

[64] 文晓璋 . 企业人力资源风险管理的策略研究 [J]. 商场现代化 , 2006(3): 241-
    242.

[65] 黄建强 , 龙安梅 , 李录堂 . 企业人力资源管理风险产生的原因分析 [J]. 企业家
    天地 , 2007(7): 137-138.

[66] 辛日恒 . 浅议企业人力资源管理风险的产生及其原因 [J]. 中国集体经济 ,
    2005(15): 122-123.

[67] 陈莉 . 人力资源管理风险初探 [J]. 时代金融 , 2009(9): 54-55.

[68] 杨昱莅 . 人力资源管理中的风险管理研究 [J]. 企业导报 , 2010(5): 215-216.

[69] 张德荣 . 高新技术企业人力资源风险管理研究综述 [J]. 中国管理信息化 ,
    2009, 12(3): 79-81.

[70] 刘茂福 . 民营企业人力资本投资风险及其规避对策 [J]. 技术经济 , 2003(10):
    38-39.

[71] 魏融 . 企业人力资源风险管理研究 [D]. 北京 : 华北电力大学 , 2005.

[72] 庞淑敏. 知识经济时代企业人力资源管理面临的风险 [J]. 北方经贸, 2008(10): 115-116.

[73] 张亚莉, 杨乃定. 企业人力资源风险专家评价法 [J]. 航空科学技术, 2002(2): 38-39.

[74] 张亚莉, 杨乃定. 企业人力资源风险模糊综合评价方法研究 [J]. 管理工程学报, 2002(1): 18-21.

[75] 张英才. 基于模糊神经网络的企业人力资源风险评价 [J]. 河南理工大学学报 (社会科学版), 2005, 6(1): 21-23.

[76] 何维达, 何丹. 基于改进 BP 神经网络的企业人力资源风险评价 [J]. 管理科学文摘, 2006(12): 60-61.

[77] 林华全, 向小东. 基于模糊层次分析法的企业人力资源风险因素评价 [J]. 企业技术开发, 2007, 26(11): 44-47.

[78] 黄孝鹏, 李德强. 基于灰色关联理论和熵权法的企业人力资源风险评价. 价值工程, 2009(4): 120-123.

[79] 秦湘灵, 居勇, 曾鸣, 等. 基于云模型的供电企业人力资源风险评价 [J]. 技术经济与管理研究, 2009(6): 61-63.

[80] 江玮. 浅谈企业人力资源风险管理 [J]. 金卡工程, 2009(11): 235-235

[81] 关淑玲, 蒋秀芝. 企业人力资源风险管理的识别与评估 [J]. 价值工程, 2010, 29(12): 15-15.

[82] 冯叶. 企业人力资源风险防范的新思考 [J]. 人力资源开发, 2009(11): 88-89.

[83] 刘建徽. 企业竞争风险问题及制度防范研究 [D]. 重庆: 西南大学, 2005.

[84] 张涛. 高科技企业竞争风险研究 [D]. 武汉: 武汉理工大学, 2004.

[85] 柯华庆, 闫静怡. 博弈论导引及其应用 [M]. 北京: 中国政法大学出版社, 2005.

[86] Graham R. Game Theory Introduction and Applications[M]. Oxford: Oxford University Press, 1997.

[87] 柯王俊. 我国船舶工业国际竞争力评价和竞争风险研究 [D]. 哈尔滨: 哈尔滨

工程大学, 2006.

[88] 赵彦云. 国际竞争力统计模型及应用研究 [M]. 北京: 中国标准出版社, 2005.

[89] 闵祥云. 应用 Excel 进行 TOPSIS 综合评价 [J]. China JD in Control 2003, 7(3): 252-253.

[90] 李琼. 浅析企业投资风险的防范 [J]. 经济师, 2006(5): 178-179.

[91] 杜栋, 庞庆华. 现代综合评价方法与案例精选 [M]. 北京: 清华大学出版社, 2006.

[92] 刘难. 民营企业投资风险的统计度量与分析 [J]. 统计与信息论坛, 2009, 24(08): 86-90.

[93] 金成晓, 余婷婷. 基于 BP 神经网络的我国制造业产业安全预警研究 [J]. 北京工业大学学报(社会科学版), 2010, 10(01): 8-16.

[94] 陈学中, 李文喜, 李光红. 投资项目选择的风险评价 AHP 模型及其应用 [J]. 数学的实践与认识, 2004(04): 23-29.

[95] 张红. 基于 AHP—ANN 模型的医药类风险投资项目评估方法研究 [J]. 湖南医科大学学报 (社会科学版), 2005, 7(02): 69-71.

[96] Gao S S, Sung M, Zhang J. Risk management capability building in SMEs: A social capital perspective[J], International Small Business Journal, 2013, 6(31): 677-700.

[97] 薛抗抗. 企业投资管理及风险问题研究 [J]. 现代商业. 2009(12): 140-142.

[98] 周一萍. 基于金融危机影响后中小企业投资风险管理的思考 [J]. 现代商业. 2009(12): 46-47.

[99] Cragg P, Mills A, Suraweera T. The Influence of IT Management Sophistication and IT Support on IT Success in Small and Medium-Sized Enterprises[J]. Journal of Small Business Management, 2013, 4(51): 617-636.

[100] 白天辉. 中国企业对外直接投资风险防范对策研究 [D]. 大连: 东北财经大学, 2005.

[101] Lim K, Lee C. A framework for unified digital evidence management in security

convergence[J]. ELECTRONIC COMMERCE RESEARCH, 2013, 3(13): 379-398.

[102] 杨淑娥，黄礼．基于 BP 神经网络的上市公司财务预警模型 [J]．系统工程理论与实践，2005(01): 12-18, 26.

[103] 田宇松，王庆凯，朱青，等．财务失败预警模型研究综述 [J]．当代经济，2006(10): 97-98.

[104] 刘霞．基于 BP 神经网络的企业投资风险预警系统的构建 [J]．商业现代化，2007(15): 168-169.

[105] 孙平．周期性行业企业财务风险管理和控制的重点 [J]．现代商业，2009(26): 128.

[106] 胡杰武，万里霜．企业风险管理 [M]．北京：清华大学出版社，北京交通大学出版社，2009.

[107] 吴德胜．数据包络分析若干理论和方法研究 [D]．合肥：中国科学技术大学，2006.

[108] 郭均鹏，吴育华．区间数据包络分析的决策单元评价 [J]．系统工程理论方法应用，2004, 13(4): 339-342.

[109] 张维迎．博弈论与信息经济学 [M]．上海：上海人民出版社，1996.

[110] 谢识予．经济博弈论 [M]．上海：复旦大学出版社，1997.

[111] 温海珍，贾生华．委托代理的风险分析及其对国企改革的启示 [J]．商业研究，2003(22): 125-126.

[112] 尹力力．浅议人力资源的风险及其防范 [J]．现代经济信息，2009(20): 180.

[113] 林浩．从现代企业制度看企业集团特征 [J]．水运管理，1995(12): 5-8.

[114] 张立武．企业集团母子控制研究 [M]．济南：山东大学出版社，2005.

[115] 孙班军，郝建新．风险管理案例分析与公司治理 [M]．北京：中国财政经济出版社，2006.

[116] 王锐．国有企业内部控制现状、问题及对策 [D]．大连：东北财经大学，2007.

[117] 池国华，王东阁．基于 ERM 框架构建国有企业投资风险管理体系研究 [J].

企业管理 , 2010(3): 35-42.

[118] Smith, W K, Gonin M, Besharov M L. Managing Social-Business Tensions: A Review and Research Agenda for Social Enterprise[J]. Business Ethics Quarterly, 2013, 3(23): 407-442.

[119] 许慧 , 胡曲应 , 许家林 . 论中国企业海外投资风险的防范与监管 [J]. 中南财经政法大学学报 , 2009(6)：91-103.

[120] Sablok G, Bartram T, Stanton P. The impact of union presence and strategic human resourcemanagement on employee voice in multinational enterprises in Australia[J]. Journal of Industrial Relations, 2013, 4(55): 621-639.

[121] 杨晓光 , 颜至宏 , 史敏 , 等 . 从中航油 (新加坡) 事件看国有海外企业的风险管理 [J]. 管理评论 , 2005(3): 30-36, 13-64.

[122] 牟昕盼 , 吴慧元 . 中信泰富杠杆式外汇期权投资巨亏的思考 [J]. 合作经济与科技 , 2009(12): 72-73.

[123] 山东省人民政府国有资产监督管理委员会关于印发《山东省省管企业全面风险管理指引》的通知 [J]. 国务院国有资产监督管理委员会公告 , 2008(6): 51-58.

[124] David P, Paul I, Robert J. MNE regional head offices and their affiliates: talent management practices and challenges in the Asia Pacific[J]. International Journal of Human Resource Management, 2013, 18(24): 3457-3477.